LES ESSAIS

METAPYSIQVE

DV SIEVR

DE L'AUNAY.

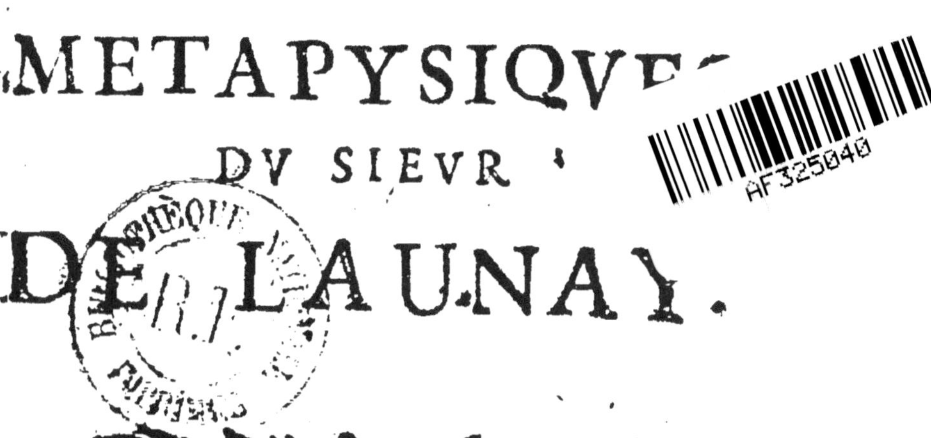

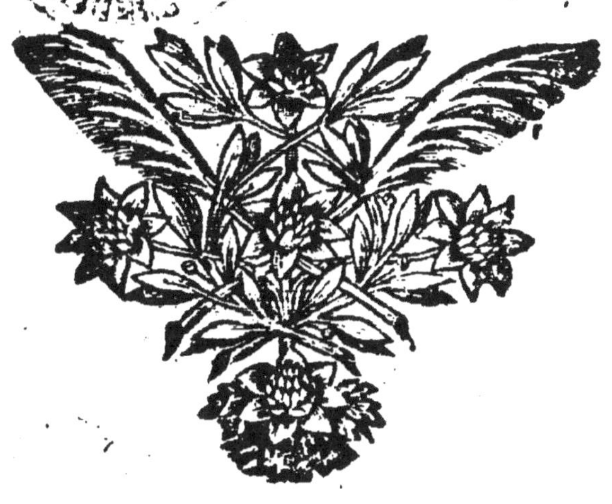

A PARIS,

De l'Imprimerie de JACQUES LANGLOIS, fils, ruë Gallande, proche la Place Maubert, à l'Image S. Jacques.

M.DC.LXXII.

Avec Privilege du Roy.

LES ESSAIS
METAPHYSIQVES.

PREMIERE DISSERTATION.

Sur les questions prœmiales de la
Science generale appelée
Metaphysique.

CHAPITRE I.

Des noms, de la definition, de la di-
vision, & des avantages de cette
Science.

OMME ce n'est pas le seul em-
ploy de la Medecine de gue-
rir les maladies du corps humain : mais qu'elle doit en-
tre fortifier la nature pour la rendre
capable d'exercer toutes les plus nobles
fonctions de la vie ; de mesme la Philosophie, qui est la veritable Medecine de

l'ame, ne se côtente pas de côbattre l'erreur par les preceptes infaillibles de
la Logique; mais elle nous fournit encore dans la seconde partie des principes assurés pour éclairer nostre raison
dans la recherche de la verité.

Nous devons donc d'abord apres la
Logique, nous attacher à l'étude des
principes generaux de toutes les Sciences contenuës dans la Metaphysique,
parce qu'ils nous sont aussi necessaires
pour connoistre la verité, que la lumiere l'est pour découvrir les couleurs.

Si l'on me dit que chaque science a
ses principes particuliers, pour nous
donner la connoissance de la matiere
sur laquelle elle s'occupe, comme la
Physique en a pour connoistre les choses naturelles : Je tomberay d'accord
de cette verité; mais ie soutiendray que
les principes des sciences subalternes,
sont des lumieres empruntées de la
sciéce generale qui les établit, & qui les
prouve démonstrativemét en les reduisant tous à un seul premier principe evident par soy-mesme, & receu de tous
les hommes de bons sens.

En effet, on est veritablement sça-
vant & capable de persuader une verité,
quand on sçait reduire toute sorte de
conclusions jusques à ce premier prin-

cipe de cõnoiſſance de toutes les ſciences. Lors que l'on établit une concluſion par un principe prochain , & ce
principe par un autre ; ſi noſtre eſprit
n'arrive juſques à un premier principe
evident par ſoy , il ne peut eſtre cõvain-
cu , parce que tous ces principes ſubalternes ſont ruineux ſans la fermeté de
ce premier qui la communique à tous
les autres.

Je ſçay que ceux qui ont premierement inventé les ſciences, n'ont pas ſui-
vi cét ordre qui nous fait commencer
par les principes pour arriver aux concluſions , ou par les connoiſſances generales pour deſcendre aux particulieres ; au contraire, les hommes qui ont
commencé naturellement à connoiſtre
par les ſens , ont fait d'abord pluſieurs
experiences , & l'inclination naturelle
de ſçavoir les a portés à rechercher les
cauſes des effets qui leur eſtoient ſenſi-
bles. Enſuite leur eſprit s'élevant peu
à peu par l'effort du raiſonnement ap-
puyé ſur l'experience , a trouvé des
principes generaux pour examiner
l'objet d'une ſcience particuliere comme eſt la Phyſique. Mais dans le progrez des ſciences , & apres pluſieurs
ſiecles, l'eſprit humain par un dernier
effort a fait reflexion ſur toutes les

sciences particulieres, & sur leurs principes, pour former des principes plus
generaux que tous ceux-là, afin d'en
faire le fondemēt de la science generale.

Celuy qui voudra parcourir l'Hi-
stoire, & repasser dans son esprit de
quelle maniere les Etats se sont for-
més, trouvera que plusieurs particuliers ont composé la premiere Societé,
en s'unissant dans une famille, que plusieurs familles s'assemblant pour les
cōmoditez les unes des autres, ont fait
des villages, des bourgs, & des villes;
que plusieurs villages, plusieurs bourgs,
& plusieurs villes habitans un mesme
païs, ont formé des Provinces, &
que plusieurs Provinces reünies ensemble sous l'authorité d'un seul, ont
établi un Empire : de mesme dans l'Empire des Lettres, plusieurs connoissances particulieres ont esté unies pour en
former une generale, & plusieurs connoissances generales ont esté appli-
quées sur un mesme objet pour former
une science particuliere, & plusieurs
sciences particulieres ont enfin esté reünies dans la science generale.

Sur cette cōparaison nous pouvons dire que la sciēce generale est à l'égard des
autres sciēces qui en dépendēt, ce qu'est
la Politique à l'égard de toutes les con-

ditions de la vie civile : donc côme celle-cy a pour objet le bien en general,
qu'elle commande , & qu'elle regle les
autres Arts qui regardent un bien particulier ; de mesme , la Metaphysique a
pour objet l'estre en general , & determine à chaque science un objet particulier qu'elle luy donne à examiner.

Si la Politique est independante ,
& que tous les autres arts en dépendent ; la science generale l'est aussi , &
toutes les autres sciences en relevent
pour en recevoir leurs principes, qui
n'en font que les conclusions. C'est
aussi par cette raison , qu'on l'appelle la Reine & la Souveraine des
sciences. Quoy qu'il en soit, toûjours
merite-elle ce nom puis qu'elle a un
objet dont l'étenduë n'est point l'imitée , que toutes les autres sciences en
dépendent, & s'y raportent; qu'elle en-
treprend leur protection, en soutenant
leurs principes quãd ils font attaqués,&
qu'en un mot elle commande aux autres
sciences comme la Logique leur obeït.

Une marque assurée de l'excellence &
de la dignité de la science generale,
c'est que les Philosophes ne se font pas
contentés d'un seul titre pour exprimer sa nature ; ils en ont assemblés
plusieurs comme celuy de Metaphysi-

que, qui est le plus usité dans les Ecoles, & qu'ils attribuent à cette noble
partie de la Philosophie, pour nous
donner à connoistre qu'elle est au dessus de la Physique, & que pour l'avoir
inventée il avoit esté besoin d'estre in-
struit parfaitement des sciences naturelles qui la precedent, comme des dis-
positions pour nous y élever.

Ils l'ont appellée Philosophie par excellence, pour montrer que c'est elle qui
merite veritablement ce nom à cause
de la certitude & de l'évidence de ses
premiers principes, & que toutes les
autres sciences ne peuvent participer à
cette dignité qu'entant qu'elles se ran-
gent de son parti, & qu'elles combattent à la faveur de ses principes.

Aristote luy donne le nom de la Sagesse, tant parce qu'elle travaille sur
des choses tres-universelles & separées
de la nature, que parce qu'elle a un objet fort étendu, & qu'elle établit ses
conclusions par des raisons tres-hautes
& tres-relevées; à sçavoir, par les premiers principes. Il l'appelle encore prudence speculative, par une metaphore
tirée de la comparaison qu'il en fait
avec la prudence morale; car si l'une
sert de guide & de flambeau pour toutes les actions vertueuses, l'autre con-

suit l'efprit dans toutes fes fpecula-
ons.

Il faut icy remarquer exactement,
que par la fcience generale ie ne com-
rens pas toute la Metaphyfique des
icoles, qui outre la connoiffance de
l'eftre en generale dont elle examine
les principes, les caufes, les proprietez & les parties, comprend encore la
Theologie naturelle qui parle de Dieu
& des Anges. La raifon eft que la diverfité de l'objet rend les fciences differentes; c'eft pourquoy ces deux parties
de la Metaphyfique ayant differens objets, doivent auffi faire deux fciences
effentiellement differentes, comme ie
l'ay déja prouvé dans la divifion des
parties de la Philofophie.

En effet, la raifon qui établit la Phyfique differente de la fcience generale,
parce qu'elle s'attache à un objet different, c'eft à fçavoir aux chofes corporelles & naturelles, prouve auffi que la
Theologie qui s'attache à la connoiffance des chofes fpirituelles; à fçavoir
de Dieu & des Anges, en doit auffi eftre
differente.

Sur cette diftinction de la Metaphyfique en deux fciences, on peut établir
l'ordre de doctrine que l'on fuit en l'ex-
pliquant. Car fi on la confidere à l'é-

gard de fa premiere partie , elle doit
preceder toutes les fciences particulieres qui en dépendent comme de leur
fondement : Et fi on la confidere à l'é-
gard de fa feconde partie, qui eft la
Theologïe naturelle , nous verrons
qu'elle doit eftre expliquée la derniere
des parties de la Philofophie , puifque
toutes les autres fervent de degrez pour
arriver à une fi haute connoiffance
qu'eft celle des Anges & de Dieu, qui
n'eft pas feulement la fin de la Philofophie , mais encore de l'efprit humain
qui nous a efté donné pour nous attacher à la connoiffance de Dieu , qui eft
noftre derniere fin.

Si quelqu'un me veut prouver qu'il
faut mefme expliquer la premiere partie de la Metaphyfique apres la Phyfique , puis qu'elle a efté inventée de la
forte , je répondray que l'ordre d'in-
vention n'eft pas celuy de doctrine, &
que lors que nous travaillons fur les
lumieres de ceux qui nous ont precedé,
nous devons fuivre la methode de re-
folution , & commencer d'éclairer nôtre efprit par les principes generaux qui
nous fervent à prouver toutes fortes
de conclufions particulieres.

C'eft par ces principes generaux que
nous éviterons une infinité de redites,

& que nous établirons un bel ordre
dans les fciences, en defcendant des
chofes generales dans les chofes particulieres. En un mot, l'avantage qu'il y
a d'avoir un premier principe de connoiſſance pour affermir tous les autres,
nous oblige à enfeigner la fcience generale avant toutes les autres parties
de la Philofophie.

Comme il eſt tres-probable que le
grand Autheur de la nature en a premierement creé les principes, & que c'eſt
par la production des Cieux & des Ele-
mens qu'il a commencé le monde pour
en tirer cette diverfité de creatures que
nous admirons fur la terre ; ne devons-
nous pas pour imiter une fi fage conduite, établir premierement des principes tres-aſſurés fur lefquels noftre
efprit s'appuira pour decider une infinité de queſtions qui en dépendent dans
toutes les fciences, & qui peuvent débroüiller toutes les matieres aufquelles
il fe peut attacher. Si la nature eſt iné-
puiſable dans les differentes productions qu'elle tire des premiers corps
qui compoſent l'Univers, l'efprit l'eſt
auſſi dans une infinité de conclufions
qu'il tire des premiers principes de la
fcience generale.

Mais ie ferois tort à cette noble partie

de la Philosophie que j'espere expliquer en quatre Dissertations, si avant
que d'entrer en matiere, je ne disois à
son honneur, qu'entre un grand nombre
davantages que nous en recevons, elle
donne la netteté d'esprit, la facilité de
parler de toutes choses, & celle de mettre de l'ordre dans nos connoissances.

C'est encore par son secours que nous
pouvons démontrer les plus importantes questions; c'est par le moyen de ses
principes que nous pouvons convaincre
les libertins sur les veritez Chrestien-
nes qu'ils attaquent avec insolence: En
un mot, c'est par les principes & par
les termes de la science generale, que
nous pouvons expliquer les sublimes
matieres de la Theologie, puis qu'elle
est une introduction necessaire pour entendre l'Ange de l'Ecole qui en a si bien
parlé.

La science generale, qui a pour objet
l'estre reel creé en tant qu'il est commun aux choses corporelles & spirituelles, sera divisée en quatre parties,
dont la premiere traitera des principes
de l'estre; la seconde de ses causes; la
troisiéme de ses proprietez; & la qua-
triéme de ses parties ou especes.

CHAPITRE II.

De l'objet de la Metaphyſique, ou de l'eſtre en general.

DE toutes les choſes qui ſont au monde, la premiere, la plus generale & la plus facile à connoiſtre, c'eſt l'eſtre ; car celuy qui ne connoiſt pas l'eſtre, ne connoiſt rien ; parce que s'il connoiſt quelque choſe, il connoiſt un eſtre, puiſque ce que le vulgaire appelle une choſe, c'eſt ce que les Philoſophes appellent un eſtre.

La ſeconde raiſon eſt , que ſi une choſe eſt (eſtre) avant que d'eſtre un tel eſtre ; il faut qu'elle ſoit connuë comme un eſtre avant que d'eſtre repreſentée comme un tel eſtre, ce qui eſt fondé ſur ce principe. La connoiſſance ſe fait par le portrait de la choſe connuë; d'où ie conclus, que comme l'être eſt la premiere choſe qui ſe rencontre dans la nature; la connoiſſance de l'eſtre en general eſt la premiere de toutes nos connoiſſances; cette maxime a fait dire à tous les Philoſophes, qu'on ne peut faire abſtractió de l'eſtre; c'eſt à dire, que rien n'eſt conçeu ſans

concevoir l'estre, car il seroit represen-
té côme le neant, qui n'estant pas estre,
ne peut estre veritable ny intelligible.

Si Aristote condamne d'aveugle-
ment celuy qui doute si le monde est,
ou si la neige est blanche ; d'insensi-
bilité celuy qui demande s'il faut aimer
les belles choses, nous devons à plus
forte raison dire que celui-là seroit pri-
vé des sens & de la raison qui ne connoistroit pas que l'estre est ; ainsi celuy
qui cherche quelque connoissance in-
faillible pour appuyer toutes les autres,
doit prendre celle-cy , qui est la plus
claire de toutes, l'Estre est, ou ie suis.
Car le plus grand Pyrronien , & le plus
irresolu des hommes , ne peut pas sur
ces propositions necessaires suspendre
son jugement, ny en combattre la verité naturellement imprimée dans le cœur
de tous les hommes.

Dautant que l'estre en general n'a ni
genre au dessus de soy, ni par consequent de difference proprement prise,
il ne peut estre défini dans l'exactitude
des regles de Logique, c'est pourquoy
je me contenteray d'en faire le portrait
par cette description.

L'estre en general , se prend pour tout
ce qui a son existance , ou pour ce qui
est opposé au Neant.

Ceux qui disent que l'estre en gene-

ral est ce qui est hors du sein de ses causes, se trompent; car cette description
ne convient qu'à l'estre creé, & à l'estre
qui est actuellement

L'estre en general est ou

reel qui est dãs la nature, & qui est ou

  Infini, à sçavoir Dieu, qui étant necessairemét & actuellement de toute eternité, a donné l'estre aux creatures dans le temps.

  fini & creé; sçavoir la creature qui est ou

    possible, qui n'est proprement rien en soy, mais seulement dans la puissance de la cause qui le peut produire.

    Actuel qui est ou

      par soy, & qui existe independemment d'un autre estre creé,& qui soûtient les accidés; sçavoir la subltance.

      Dãs un autre auquel il est attaché, & duquel il dépend pour estre, sçavoir l'accident, ou le mode.

de raison, qui n'est que dans l'esprit de celuy qui le fait, en se representant des choses qui ne sont point dans la nature, comme celuy qui conçoit une chimere.

Les parties d'un tout (qui font les
eftres que les Philofophes Scolaftiques
appellent imparfaits) foit integran-
tes comme les bras , la tefte, foit eften-
tielles comme le corps & l'ame, ne font
pas comprifes dans cette divifion ; car
ce ne font pas des eftres, mais des parties d'eftre qui fe reduifent à leur
tout.

L'eftre par accident , qui eft compofé de plufieurs eftres parfaits, qui ne
font pas naturellement unis ; mais feulement par l'art ou par le hazard, n'eft
pas auffi compris dans noftre divifion,
puifque ce n'eft pas proprement un
eftre ; mais plufieurs eftres qu'il faut
feparer , de peur de tomber dans la
confufion.

Il faut icy remarquer que les negations de l'eftre ne font pas differentes
du neant ou du rien ; mais on les prend
pour le non eftre qui détruit quelque
chofe à laquelle on le raporte, comme
cette negation de non-homme détruit
l'homme, & ne fe peut connoiftre que
par la chofe qu'elle détruit , puis
qu'eftant un neant, elle ne peut eftre
l'objet de l'entendement qui appuye
toufiours fes connoiffances fur un objet qui eft veritablement dans la nature.

1 Les privations aussi, qui sont l'absence d'une perfection deuë à un sujet, ne sont pas veritablement un estre, parce qu'elles luy sont opposées par leur neant; par exemple, les tenebres ne sont rien en elles-mesmes : cependant, si les negations sont comparées avec leur sujet, qu'elles dépoüillent de quelque perfection, & avec la perfection opposée qu'elles combattent, elles sont appellées un estre privatif, qui n'est connu que dans son sujet & à l'égard de son opposé avec lequel l'esprit le compare. Cecy servira beaucoup à détromper ceux qui conçoivent ces privations & ces negations, comme des estres veritables & intelligibles, quoy que dans la nature il n'y ait aucune chose qui réponde à la fausse idée que nous en formons en nous les representant comme des choses qui ont une veritable existence, & non pas feintes, par le raport que l'esprit fait des choses les unes avec les autres.

L'estre reel & l'estre de raison ne conviennent pas davantage ensemble que l'homme veritable & son portrait : c'est pourquoy ils sont équivoques purement à l'égard de l'estre, n'ayant aucune nature qui leur soit commune ; & l'estre proprement ne convient qu'aux

choſes qui ont une veritable exiſtence
dans la nature, comme à Dieu & à la
Creature.

L'eſtre de raiſon n'eſt que le portrait
que nous formons des choſes qui ſont
dans la nature pour nous les repreſenter ; ainſi toutes les idées ou les images
que noſtre raiſon forme pour peindre
& ſe repreſenter l'objet qu'elle connoiſt, s'appellent des eſtres de raiſon
à cauſe de l'exiſtence que noſtre raiſon
leur donne en les formant.

L'eſtre de raiſon eſt ou veritable, ou
faux ; le veritable n'eſt que l'idée que
nous formons des choſes qui ſont dans
la nature, pour les repreſenter comme
elles ſont ; & l'eſtre de raiſon faux, qui
eſt celuy qu'on appelle proprement
eſtre de raiſon, ou eſtre chimerique, &
eſt une fauſſe idée que noſtre raiſon forme, en nous repreſentant des
choſes qui ne ſont point de meſme
dans la nature, qu'elles ſont repreſen-
tées.

L'eſtre de raiſon chimerique ou
faux, ne ſe fait que par la repreſentation des eſtres reels, dont nous avons
receu les images ; mais que noſtre eſprit, qui eſt ſujet à l'erreur, compoſe
& diviſe autrement que les choſes ne
ſont unies ou diviſées dans la nature ;

ainſi celuy qui conçoit un Centaure, qui eſt un eſtre compoſé de la nature d'homme & de celle de cheval, unit dans ſon idée ce qui eſt diviſé dans la nature, de meſme celuy qui conçoit une montagne d'or, & une chimere.

Diſons encore que celuy qui conçoit une choſe qui n'eſt point fait un eſtre de raiſon, quoy que cette choſe-là puiſſe eſtre; car celuy qui conçoit un autre monde, un ſecond Soleil, donne l'exiſtence dans ſa raiſon à des choſes qui ne ſont point dans la nature, & ainſi il produit un eſtre de raiſon, & non pas un eſtre reel.

Je veux deſ-abuſer ceux-là qui diſent, que l'eſtre de raiſon eſt la conception du non eſtre conceu, comme un eſtre veritable, ou d'une choſe impoſſible repreſentée comme poſſible; d'où vient qu'ils diſent que l'eſtre de raiſon eſt l'objet ſeulement de la penſée, & qu'il n'eſt pas dans la nature, ny que Dieu meſme par ſa toute puiſſance ne l'y peut produire. Pour les combattre, je prens ce principe. Ce qui eſt veritable & intelligible, doit eſtre un eſtre, puiſque la verité & l'intelligibilité ſont les proprietez de l'eſtre, & d'égale étenduë avec leur ſujet, donc le non eſtre ou l'impoſſible, n'eſtant pas eſtre,

ny par consequent veritable & intelligible, il ne peut tomber dans noftre
connoiffance.

S'ils me difent que c'eft par l'eftre ou
le poffible qu'ils fe reprefentent le non
eftre ou l'impoffible ; je réponds que
cela eft auffi ridicule, comme fi ie di-
fois, que c'eft par la lumiere qu'on
peut reprefenter les tenebres, ou par
le blanc qu'on peut voir le noir, puifque l'eftre & le non eftre, le poffible
& l'impoffible, font plus oppofez que
la lumiere & les tenebres, le blanc &
le noir.

De cette verité établie, je conclus
qu'on ne peut concevoir une chofe qui
n'eft point, ou le non eftre ou une chofe impoffible, comme un Dieu mau-
vais, une montagne fans valée, un bâton fans deux bouts, & que ces chofes
qui repugnent dans la nature, repugnent encore dans la penfée ; parce
que ce qui n'eft point en original dans
le monde, ne peut eftre en copie dans
l'efprit. Je prevois d'abord les difficul-
tez qu'on me peut faire, touchant ce
que ie viens d'établir : on me deman-
dera comment mon efprit connoift
qu'une chofe eft impoffible ou poffible, comment il fe reprefente des chofes fauffes, comment il s'abufe, com-

ment il peut former des Châteaux en
Espagne ; je répondray dans le Livre de
l'Ame, comme ie l'ay déja prouvé dans
la Logique, que tout cela se fait par la
fausse composition ou la fausse divi-
sion des Images dont nous nous ser-
vons pour connoistre, & que la repugnance ou la convenance des Images
nous represente la possibilité ou l'im-
possibilité des choses. Ainsi nous appellons possible, ce qui n'enferme point
de contradiction d'estre ; & impossible,
ce qui est contradictoire.

D'où ie conclus, que si Dieu estoit
un estre impossible, on ne connoistroit
point qu'il y eût un Dieu : puisque j'ay
montré que l'impossible ne peut estre
connu, on le connoist, donc il y en a
un : mais cette verité sera prouvée ailleurs, & elle prendra icy un principe
pour estre demontrée.

Les Philosophes Ibernois, & tous
ceux qui ont l'esprit gâté du College,
sont plustost dignes de compassion,
que d'attirer sur eux une Satyre touchant l'estre de raison. Ce seroit une
bassesse de combattre leurs chimeres ;
& leurs sottes questions qui se détruisent d'elles-mesmes, font la plus mor-
dante Satyre contre leurs Autheurs,
qu'on puisse inventer. Ces matieres

ne peuvent estre utiles qu'à ceux, qu[
estant de la Secte de Democrite, se
voudroient desopiler la ratte.

L'estre actuel, qui convient à Dieu
proprement, & necessairement, & à la
creature par participation, est un terme analogue, par attribution & par
proportion; car la creature se raporte
à Dieu pour recevoir son existence &
la conserver, il faut dire la mesme chose de l'estre creé à l'égard de la substance & de l'accident; car l'accident
qu'Aristote nomme (*entis ens*) c'est à
dire un estre par participation, dépend
de la substance pour estre produit &
conservé comme la Science à l'égard
de l'homme; mais ces differences n'em-
peschent pas que l'esprit ne forme une
idée generale de l'estre, entant qu'il est
commun à Dieu & à la creature, à la
substance & aux accidens, & suivant
cette abstraction (l'estre) peut passer
pour synonime à l'égard de Dieu & de
la Creature.

Entre les accidens, il y en a qui sur-
naturellement peuvent estre sans leur
sujet, comme les especes dans le saint
Sacrement de l'Autel; par exemple, la
blancheur, la rondeur, & la saveur du
pain; il y a d'autres accidens qui sont
le plus souvent relatifs, & qui ne sont

...as tant des eftres, que des modifications de l'eftre, des modes, façons,
ou manieres d'eftre, des fuites de l'eftre
pour les comparer, Ariftote les appelle παρφ[illegible], *Appendix natura*, des
excroiffances, ou des rejettons comme
les poreaux à l'égard du corps humain,
ou des rejettons qui croiffent aux pieds
des arbres, & qui ne font pas des arbres, mais des rejettons & des fuites
d'arbres. Leur nature eft fi mince, qu'il
eft difficile de les connoiftre, & ce font
des eftres fi foibles, que ne pouvant
abfolument exifter fans leur fujet,
quoy que leur fujet puiffe bien eftre
fans ces modifications. De là vient que
nous les devons toufiours confiderer &
definir dans leur fujet, duquel elles
font pourtant diftinguées reellement,
comme l'action, la relation, l'union,
&c.

L'eftre poffible participe de la nature
de l'eftre & du non eftre, de l'eftre de
la caufe qui le peut produire, & du non
eftre de ce qui doit eftre produit. *Quæ
funt in potentia, quia carent actu non funt
entia.* Arles 9. Metaph. cap. 3.

I I. DISSERTATION

De la Science generale examinan
les principes de l'estre.

CE qu'il y a de plus important dans
chaque Science, est d'en examiner les principes, qui sont le fondement non seulement de toutes les connoissances que nous en avons : mais
qui servent encore de preuves à toutes
les Sciences particulieres & subalternes
qui en dépendent, tant pour la seureté
de leurs principes particuliers , que
pour la determination de leur objet.
Et il est d'autant plus avantageux de
sçavoir les principes de la Science generale, qu'ils servent pour appuyer &
demontrer toute sorte de veritez , pour
débroüiller les plus delicates matieres
des Sciences, & pour raisonner juste
sur toutes choses.

Les principes sont ordinairement di-
visez en principes de connoissance; &
en principes de la chose.

Les principes de connoissance sont

des

ces veritez ou des propofitions generales receuës de tous les fages, ou de
la meilleure partie, lefquels fervent de
lumiere pour nous rendre toutes chofes
intelligibles, comme la lumiere du Soleil nous rend les couleurs vifibles.

Ces principes de connoiffance font
ou tres generaux & univerfels qui ap-
partiennent à la Science generale, com-
me-ceux-cy, je fuis, l'eftre eft, le neant
n'eft point, le neant eft oppofé à l'eftre;
tout eftre eft ou n'eft pas. Il eft impoffible qu'une mefme chofe foit & ne
foit pas à l'égard de toutes chofes
femblables; ou particulieres & propres
à une fcience particuliere, comme celuy-cy de Phyfique : rien ne peut eftre
produit naturellement du neant, ou cét
autre de Logique, ce qui convient au
fuperieur convient à l'inferieur.

Les principes de la chofe font les
premieres parties qui fe rencontrent
dans la generation ou dans la compofition des eftres. Je ne parle point icy
des principes de generation ou de compofition des chofes naturelles, c'eft à
la Phyfique à les examiner ; mais ie
parle de ces premiers degrez que
l'efprit conçoit dans la compofition
des eftres creées feulement, & non pas
de Dieu, qui eftant eternel & tres-fim-

ple , ne reconnoiſt aucun principe; mais
il eſt l'unique & veritable principe d
toutes choſes , dans le genre de cauſ
efficiente.

Je ne comprens pas encore par leſ
principes des eſtres creés , ceux qui ſ
peuvent mettre au nombre de ſes cauſ
ſes externes comme l'efficiente , l'e
xemplaire , & la finale : mais ceux-l
ſeulement que l'eſprit diſtingue, & deſ
quels il ſe ſert pour concevoir & ex
pliquer l'eſtre en general.

CHAPITRE I.

Du premier principe de connoiſſanc de la Science generale.

JAmais l'eſprit de l'homme n'eſt iré
branlable ſur la certitude des con
cluſions, qu'il n'en ſoit convaincu pa
la certitude & l'evidence des principe
ſur leſquels elles ſont appuyées : &
comme ſouvent ces principes ſont en
core appuyés ſur d'autres plus éloi‑
gnez , a cauſe de la liaiſon des matie‑
res & de la ſubordination des ſciences
il faut que noſtre eſprit en remontan
des concluſions aux principes , arrive à

un premier, puis qu'il ne peut aller à l'infini. Ce premier principe doit estre clair & evident par la seule lumiere naturelle, pour servir de base & de solide appuy à toutes les veritez que nous en tirons, & qui s'y doivent toutes reduire quand nous voulons demontrer quelque chose exactement.

Les Philosophes disputent fort entr'eux, pour sçavoir quel est ce premier principe ou cette proposition generale qui sert de fondement à toutes nos connoissances: mais sans m'arrester à examiner leurs opinions assez differentes sur ce sujet, je suivray le sentiment d'Aristote le Prince des Philosophes qui adjuge cét avantage à cette *propositiõ cy; Il est impossible qu'une mesme chose soit & ne soit pas, à l'égard de toutes choses semblables*, ou bien plus simplement; *Tout estre est ou n'est pas*; desquelles propositions on tire encore celle-cy; *En toutes choses l'affirmation ou la negation est veritable*, & ainsi des autres propositions qui sont les conclusions prochaines de ce premier principe, & qui sont assez universelles pour quadrer sur les sciences particulieres.

Si nous examinons pourtant ce premier principe avec plus de subtilité que d'utilité, il nous sera facile de re-

connoiftre que ce n'eft pas la premiere
& la plus ferme de nos connoiffances
puis qu'il fuppofe plufieurs notions qui
le precedent, dont voicy à mon advis la
premiere, & fur laquelle les plus irre-
folus Pyrroniens n'ont rien à mordre,
parce qu'il n'eft pas en la puiffance de
l'efprit humain d'en douter, quelque
reflexion qu'il y faffe. Cette verité
nous eft comme effentielle, elle eft en
nous-mefmes, & peut eftre fans aucune
image; ou s'il y en a quelqu'une, elle
ne vient pas de dehors, puifque la
fonction des Images eft de nous rendre prefens les objets qui font hors de
nous, & les unir à nos facultez qui connoiffent. Or rien ne nous eft fi prefent
que noftre eftre & noftre exiftence.
Voicy donc ce premier principe.

Ie fuis, qui n'eft pas la conclufion du
doute ou de la penfée, comme Defcartes nous l'a voulu faire croire ; mais
qui en eft la preuve , puis qu'il faut
eftre pour douter. De ce principe, *Ie fuis*,
je viens à conclure *l'eftre eft*, & il fignifie ; tout ce qui eft. Et en fuite, que le
neant ou le rien n'eft point, & qu'il
fignifie ce qui n'eft point ; d'où ie conclus encore apres, que l'eftre eftant ce
qui eft, & le neant ce qui n'eft point, il
faut que l'eftre & le neant foient telle-

ment oppoſez , qu'il eſt impoſſible
qu'une meſme choſe ſoit ou ne ſoit pas,
ou que toute choſe eſt ou n'eſt pas ; de
laquelle concluſion Ariſtote a fait ſon
premier principe, ſur lequel il a baſti
toute la ſtructure de ſes raiſonnemens
demonſtratifs.

I Les conditions du premier principe
de connoiſſance ſont , premierement
d'eſtre ſi clair & ſi évident à l'eſprit, que
l'on ne le puiſſe nier , à cauſe des abſur-
ditez & des incommoditez où l'on
tomberoit en le revoquant en doute :
2. d'eſtre un moyen ou une maxime
generale propre à établir par la voye
des conſequences toutes les verités
particulieres moins claires. Or il eſt
évident que toutes ces deux conditions
conviennent à cette propoſition generale ; *Il eſt impoſſible qu'une meſme choſe
ſoit & ne ſoit pas à l'égard de toutes choſes
ſemblables*, & partant on l'a peut recevoir avec Ariſtote , comme premier
principe de connoiſſance.

Que ſi on ſouhaitoit que le premier
principe de connoiſſance ne peut plus
eſtre prouvé par aucune autre propoſition ; il faudroit prendre pour premier
principe noſtre propoſition avancée, *Je
ſuis* , & deſcendre par l'ordre que
j'ay établi juſques à celle-cy , *il eſt impoſſible, &c.* B iij

Si quelqu'un disoit qu'il faut une proposition plus simple que celle-cy, *il est impossible*, &c. ne l'est pas; & qu'estant negativeelle suppose l'affirmative; & qu'éstant modale elle suppose l'absoluë, je répons, que cela n'empesche pas qu'elle ne soit le premier principe de connoissance des sciences, parce qu'elle est la plus claire & la plus facile à connoistre de toutes les oppositions ; ce qui la rend premier principe, quoy qu'elle ne soit pas la premiere proposition, puisque c'est autre chose d'estre principe & d'estre proposition.

Si Aristote a prouvé ce principe, c'est par son explication, en faisant voir les inconveniens qui naîtroient de sa negation, & non pas pour l'affermir puisque rien n'est plus clair. Il a encore fait cela pour confondre plus évidemment les Sophistes qui voudroient nier une verité si connuë.

On me peut objecter qu'il ne peut pas estre absolument premier principe de toutes sortes de conclusions, puisqu'il y en a beaucoup qui ne peuvent estre demontrées. Je répons qu'il y a plusieurs propositions indemonstrables par ostension & Physiquement, c'est à dire, par reduction de l'effet à sa cause, ou de la cause à l'effet, mais elles peu-

uent toutes estre demontrées Metaphysiquement par reduction à l'impossible,
ce qui suffit pour la verité de nostre
premier principe.

Le premier principe n'ayant ni cause
ni effet, ne se peut prouver par une in-
stance ostensive, & positivement, ni
par reduction à l'impossible & à l'ab-
surdité, parce qu'il n'y en a point de
plus grande que d'accorder celle qui
s'ensuivroit si on le nioit.

Plusieurs autres propositions generales qui sont des principes dependans
de celuy-cy, & qui quadrent sur toutes sortes de conclusions, ne sont pas
moins d'usage que le premier. Voicy
les plus generaux & les plus ordinaires;
Tout estre est ou n'est pas, que le Logi-
cien exprime en ses termes, *l'affirmation & la negation d'une mesme chose ne
peut iamais estre veritable. Tout ce qui est,
tandis qu'il est, il est necessaire qu'il soit.
Tout estre est un vray, bon, intelligible &
aimable. Vn tout est plus grand que sa partie, un tout vaut mieux que ses parties, &c.*

Tous les autres principes, soit de
Metaphysique, soit des autres sciences
particulieres, se confirment par le premier principe en les reduisant à l'impossible; mais celuy-cy n'ayant ny cause ny effet, ny en un mot rien de plus

clair, ny dans les termes, ny dans l'op-
pofition, ny dans l'abfurdité & l'impof-
fibilité qui le fuivroit il ne fe peut au-u
cunement demontrer.

On me pourra demander fi tous les
hommes font tombez d'accord de ce
principe, & fi quelques Pyrronniens ne
l'ont pas nié. Je répons que quelques
miferables Sophiftes l'ont revoqué en
doute, fondez fur quelque petite chi-
canne ; mais tout homme de bon fens
ne le peut nier du cœur, quand mefme
il le voudroit nier de bouche ; car fi
on conçoit une propofition qui a une
neceffaire liaifon de l'attribut avec le
fujet, il faut de toute neceffité l'accorder, puis qu'il n'eft pas de l'efprit comme de la volouté qui eft libre envers
fon objet, au lieu que l'efprit ne peut
pas refufer fon confentement aux veritez neceffaires & evidentes, comme il
ne peut pas confentir veritablement,
& dans le fonds de l'ame, à ce qu'il
connoift eftre faux évidemment. C'eft
ce qui fait fouvent difputer les Pedans
opiniaftres contre leur penfée, plûtoft
dans le deffein de vaincre leur adver-
faire que de recevoir la verité quand
ils l'ont trouvée dans la bouche de leurs
Antagoniftes.

Je ne m'arrefteray pas icy à faire

application de noftre premier principe pour l'affermiffement de tous les
principes des fciences particulieres,
puifque dans le progrez de la Philofophie, cela fe fera fort fouvent ; tout ce
que je peux dire , c'eft que les autres
fciences fuppofent leurs principes prou-
vés par la Metaphyfique , qui comme
reine des fciences, eft obligée d'appuyer & de maintenir les fciences infe-
rieures & fubalternes.

CHAPITRE II.

Des principes de l'eftre en general.

PAr les principes Metaphyfiques de
l'eftre, les Philofophes entendent
ces premieres chofes que noftre efprit
fait entrer dans la conception de tous
ces eftres , & dont il en fait comme des
parties pour le compofer & pour l'e-
xaminer par ces differens degrez à plufieurs reprifes, afin de le mieux connoiftre ; ce qui fait que tous ces principes ne font établis & diftinguez que
par l'efprit , qui fuivant les differentes confiderations , & les perfections
de l'eftre , le conçoit par des idées di-
ftinctes , & en fuite l'explique par di-
verfes definitions.

B v

Ces principes font l'essence & l'existence ; l'acte & la puissance ; le genre & la difference ; la subsistance ou l'inherence, dont celle cy est pour les accidens, & celle-là seulement pour les substances.

De l'essence & de l'existence.

L'Essence se définit, ce qui est premier en chaque chose pour en établir la nature, & qui est encore la source & l'origine de toutes les proprietez, & des autres choses qui en derivent. Ex. l'animal raisonnable à l'égard de l'homme, autrement l'essence est ce qui est renfermé dans la conception de la chose, & ensuite dans sa définition, ou encore plus clairement l'essence est ce parquoy la chose est telle & distinguée de toute autre.

Un mesme estre consideré en soy est une essence ; entant qu'il subsiste de luy-mesme, & qu'il est le soûtien des accidens, c'est une substance ; entant qu'il est le principe de plusieurs actions, c'est une nature ; & entant qu'il est passé de la puissance à l'acte ou qu'il existe, c'est une existence ; entant qu'il est singulier, & qu'il n'est pas uni à un plus noble, & qu'il

ſt diſtingué de toute autre choſe, c'eſt
ɔ ne ſubſiſtance.

ʃ L'exiſtence ſe peut définir, ce qui fait
ʍue la choſe eſt ou exiſte hors du
ɴeant ; car tout ce qui n'a point d'exi-
ɗence, n'a point d'eſtre, & n'eſt rien ;
ɪar ſi le rien avoit une exiſtence, il ſe-
ɪoit un eſtre, & par conſequent quel-
ʊque choſe : Or le rien eſt ce qui n'a au-
ʊune exiſtence, & qui n'eſt ni ne peut
ɪeſtre, d'autant que tout ce qui a une
ɪexiſtence eſt actuellement. On l'appel-
ɪe l'exiſtence, l'acte, ou la perfection de
ɴqui eſtoit en puiſſance dans les choſes
ɪcreés.

ʃ Toute production a pour terme l'e-
ɪxiſtence de la choſe produite ; d'où
ɪvient que paſſer de la puiſſance à l'acte,
ʃc'eſt eſtre produit, ou recevoir l'exi-
ʃſtence qu'on n'avoit pas auparavant.

ʃ Les Philoſophes ſcholaſtiques font
ɪcy une fameuſe queſtion , pour ſça-
ʃvoir ſi l'eſſence & l'exiſtence ſont di-
ʃſtinguées dans les creatures ; car dans
ɾDieu il eſt de la Foy , qu'eſtant un acte
ɪſimple & tres-pur, il n'a aucune com-
ʍpoſition, ny d'acte & de puiſſance , ny
ɪde genre & de difference , ny d'eſſence
ʃ& d'exiſtence , & par conſequent ſon
ʃeſſence eſt ſon exiſtence , & ſon exi-
ʃſtence eſt ſon eſſence. Cette verité

Chreſtienne & Theologique eſt appuyée ſur ce paſſage de l'Ecriture , *Ego ſum qui ſum*, c'eſt à dire, ſuivant l'opinion de l'Ange de l'Ecole, dont l'exiſtence & l'eſſence ſont le meſme acte pur : de là ce grand homme a conjecturé que dans les creatures ces deux choſes ſont reellement diſtinguées, & que c'eſt par là que Dieu en eſt different; d'où vient qu'il a ſoûtenu que l'eſſence des creatures eſtoit une pure puiſſance, que leur exiſtence en eſtoit l'acte, que l'eſſence eſtoit le ſujet qui precedoit ſon exiſtence pour la recevoir, d'où eſt ſortie cette autre queſtion qui demande ſi les eſſences ont precedé leurs exiſtences, & ſi elles ſont eternelles.

Ce que pluſieurs Thomiſtes ont ſoûtenu pour s'accorder avec Ariſtote, qui fondé ſur un faux principe que le monde eſtoit de toute eternité, a dit dans ſa Logique qu'il y avoit des propoſitions d'eternelle verité, telle qu'eſt celle-cy, dont l'attribut a une neceſſaire liaiſon avec ſon ſujet, & qui eſt univerſelle : Tout homme eſt un animal raiſonnable : ce qui ne peut eſtre vray dans le ſens que le ſujet de ces propoſitions ſoit eternel ; car la foy nous aprend que l'eternité ne convient qu'à

Dieu ; mais ces propofitions fe peuvent
bien appeler d'eternelle verité, parce
qu'elles font vrayes independamment
du lieu du temps , & de toutes leurs
circonftances particulieres, au lieu que
les propofitions contingentes & particulieres fuppofent l'exiftence de leur
objet.

L'effence & l'exiftence des creatures
n'eft point reellement diftinguée, parce que la diftinction de raifon fuffit ,
& que c'eft affez pour diftinguer l'effence & l'exiftence divine de celle des
creatures , que celle-là foit independante & neceffaire, & celle-cy dépen-
dante & contingente.

Pour juftifier plus fortement que
l'effence & l'exiftence des eftres creés
eft la méme chofe, c'eft qu'elles font in-
feparables, & que tout ce qui fe dit reellement de l'une fe peut dire de l'autre ;
car fi l'effence eftoit fans l'exiftence,
elle feroit, parce qu'on le fuppofe, &
ne feroit pas n'ayant pas fon exiftence,
qui fait que la chofe qui exifte eft op-
pofée au neant.

L'exiftence ne peut pas eftre non plus
fans fon effence, car elle feroit parce
qu'on le fuppofe, & ne feroit pas ; car
ce qui n'a aucune effence, ou qui n'eft
aucun des eftres, n'eft point du tout ;

outre que l'existence n'ayant aucuns attributs essentiels sans l'essence, elle ne pourroit pas mesme estre conçeuë.

L'essence & l'existence sont une mesme chose si peu distinguée, que la production ne se termine pas seulement à l'existence de la chose, mais encore à l'essence ; car la cause ne donne pas seulement l'existance à son effet, mais elle luy donne encore son essence, puis qu'elle ne le produit pas sans luy donner un tel estre distingué de toute autre chose par l'essence & l'existennce qu'elle luy donne ensemble.

Si quelqu'un m'objecte que l'essence des choses est universelle & indeterminée, & qu'elle ne devient singuliere que par l'existence, je répons que l'essence des choses est aussi singuliere que leur existence, & aussi bornée.

La seconde question qui demande si les essences sont eternelles, est decidée par cette premiere ; car si l'essence & l'existence ne sont qu'une mesme chose, il faut bien conclure que l'existence des creatures estant dans le temps, il faut que l'essence le soit aussi, puis qu'autrement elle en seroit distinguée. Je peux encore adjoûter qu'il n'y a rien

d'eternel que Dieu, puiſque l'Eternité
luy convient comme un attribut propre, ſuivant qu'il ſera demontré dans
la Theologie naturelle.

Si les eſſences des creatures eſtoient
eternelles, elles n'auroient iamais eſté
creés, & par conſequent la creature
ſeroit un eſtre en partie increé & creé,
increé à l'égard de ſon eſſence, & creé
à l'égard de ſon exiſtence ; ce qui eſt
abſurde, puiſque la creation doit tirer
la choſe du pur neant, & produire tout
ce qui s'y rencontre, autrement elle ne
ſeroit pas creation ; que ſi on dit que
l'eſſence eſt dans le temps, mais qu'elle precede l'exiſtence pour la recevoir,
comment ſoûtenir cela, puis qu'il n'y
auroit aucune raiſon qui fiſt commencer l'eſſence à eſtre plûtoſt en un temps
qu'en l'autre, & que toûjours elle ſeroit avant que d'eſtre, eſtant ſuppoſée
avant ſon exiſtence.

Je ſuis obligé d'accorder que l'eſſence des creatures eſt eternelle en deux
manieres ; c'eſt à ſçavoir, à l'égard de
la puiſſance & de la connoiſſance Divine ; mais cela veut ſeulement dire en
bon françois, que Dieu de toute eternité a eu la puiſſance de produire les
creatures, & qu'il a eu dans la ſimplicité de ſon eſſence les idées de toutes

choses pour les cõnoiſtre avant qu'elles
fuſſent dans le temps, parce que Dieu
ne connoiſt pas ſeulement les choſes
qui ſont; mais encore celles qui peuvent eſtre, & qui ne ſeront iamais.

Cette eternité n'eſt pas celle dont
les Thomiſtes diſputent, puis qu'elle
convient auſſi bien à l'exiſtence des
creatures qu'à leur eſſence, eſtant vray
que l'exiſtence des choſes a eſté de
toute eternité dans la puiſſance & dans
la connoiſſance Divine.

Quand pluſieurs attributs conviennent neceſſairement, univerſellement,
& reciproquement à quelque choſe, les
Philoſophes & les Theologiens font de
grandes queſtions, & ſe diviſent d'o-
pinions pour ſçavoir lequel de ces attributs neceſſaires fait l'eſſence; ce qu'il
eſt facile de terminer par cét Axiome.
L'eſſence eſt ce qu'il y a de premier
en chaque choſe, la ſource & l'origine
des proprietez qui en emanent, ſuivant
la définition que nous en avons apor-
tée. C'eſt pourquoy il faut dire que le
raiſonnable eſt l'eſſence de l'homme,
l'admiration, la docilité & la riſi-
bilité n'en ſont que des proprietez in-
ſeparables.

C'eſt par ce principe que nous dirons
en morale, que l'eſſence du bien eſt

d'estre parfait, & que de pouvoir perfectionner, d'estre convenable, desira-
ble, & aimable, en sont des proprietez.

C'est encore par la mesme raison que
nous avons dit en Logique, & que
nous dirons en Physique, que l'essence de la quantité consiste dans l'étenduë, & que la divisibilité, l'impene-
trabilité, & la commensurabilité en
sont les proprietez inseparables.

Les essences sont comparées par les
Philosophes au nombre, & consistent
dans une integrité si parfaite, qu'on ne
la peut diviser, c'est à dire, qu'on n'y
peut rien adjoûter ny diminuer sans
changer l'essence ou le nombre. Ainsi,
si au nombre de trois vous adjoûtez
une unité, vous le détruisez, & en
faites celuy de quatre, qui est un autre
nombre ; ou si vous ostez une unité,
vous faites le nombre de deux tout à
fait different du nombre de trois.   De
mesme, si vous ajoûtez une difference
à l'essence, ou que vous l'ostiez, vous
détruisez l'essence.

C'est à cause de cela que la Logique
dit, que les exactes & parfaites défini-
tions des choses sont si rares, & que par
consequent on est souvét obligé de recevoir les descriptiõs au lieu des défini-

tions essentielles qui nous manquent
fort souvent. C'est encore pourquoi
on dispute tant dans les Ecoles pour
s'accorder des definitions ; car si elles
sont differentes, elles sont les principes de la diversité des opinions qui se
combatent.

Quand les Theologiens cherchent
l'Essence divine, ils ne cherchent pas
la premiere chose qui se rencontre
dans Dieu , & d'où découlent les attributs comme de veritables proprietez ;
mais ils demandent ce qui est de la premiere conception de l'Estre de Dieu, &
qui suivant nostre foible maniere de
concevoir est la source des attributs
que nous en tirons par conclusions :
cecy est fondé sur ce que Dieu est un
tres-pur & tres-simple acte , dont les
proprietez & les actions sont de soy
essentielles. C'est mesme la pensée
d'Aristote, qui dit, que dans Dieu celuy qui connoist, la connoissance, & la
chose connuë, sont la mesme chose.

De l'acte & de la puissance.

CEs deux termes d'acte & de puissance sont si souvent employés
dans les sciences, & particulierement
dans la Theologie, qu'il est extréme-

ment important d'en connoistre toutes les significations , & de sçavoir
parfaitement les principes Metaphysiques qu'ils nous representent.

Pour éviter l'erreur , il faut remarquer que ces mesmes termes d'acte &
de puissance, sont fort équivoques car
l'acte se prend premierement pour un
acte pur , & sans puissance , c'est à dire, pour un estre tres-simple , eternel
& necessaire , & en cette signification
il ne convient qu'à Dieu , parce qu'il
n'y a que luy seul qui n'enferme aucune puissance.

Secondement , l'acte se prend pour
une perfection creé qui ennoblit quelque chose, & la reduit sous un certain
degré, lequel acte est , ou Physique,
& c'est la forme à l'égard de la matiere, ou Metaphysique, qui est l'acte du
genre; sçavoir, la difference ou l'acte de
l'essence pour estre , & c'est l'existence
à l'égard de l'essence qui en est le sujet,
ou pour estre une telle chose singuliere & distinguée , & c'est la subsistance, ou pour estre attaché à un sujet , & c'est l'acte d'inherence , ou pour
agir , & c'est l'acte de la cause ou l'a-
ction, ou pour pâtir , & c'est la pas-
sion, ou pour estre tel , c'est l'accident
a l'égard du sujet.

Il faut bien distinguer ces deux termes en Latin & en François, estre en acte & estre un acte , *Esse actus* , & *esse actu* , estre en puissance , & estre une puissance , *esse vna potentia* , & *esse in potentiâ*.

Estre en acte , c'est avoir son existence , comme on dit que les choses possibles sont reduites en acte quand elles reçoivent leur existence ; estre un acte, c'ét estre une perfection , comme Dieu est un acte pur , à cause qu'il est tres-parfait , l'ame est l'acte du Corps ; car elle le perfectionne , l'accident est l'acte du sujet qu'il perfectionne, l'action est l'acte ou la perfection de la puissance qui la produit.

Estre en puissance , c'est n'estre pas ; mais pouvoir estre , ce qui seroit bien mieux expliqué en François par la possibilité de l'estre , qui ne dit rien dans la chose possible qu'une simple non repugnance d'estre faite ; mais qui s'appelle possible d'une dénomination exterieure tirée de la puissance reelle , ou de l'acte qui la peut produire.

Estre puissance , c'est estre en quelque façon un estre imparfait , comme la matiere en Physique s'appelle puissance à l'égard de la forme , & toute puissance ou capacité de recevoir quel-

que chose enferme une imperfection;
sçavoir, l'absence de ce qu'on peut recevoir.

Dans les choses creés l'acte suppose
la puissance; c'est à dire, que ce qui est
actuellement a esté possible avant que
d'estre; mais comme rien ne peut estre
possible à soy-mesme, la possibilité suppose encore un acte, ou une puissance
active, capable de produire ce qui est
possible; c'est pourquoy afin de ne remonter pas à l'infini, il faut arriver à
un premier acte, simple & necessaire,
qui est Dieu, lequel n'a jamais esté en
la possibilité ou la puissance d'aucun
estre creé, mais, qui par la creation a
tiré toutes les creatures de leur possibilité, ou de leur neant ; ce qui me
fait conclure qu'absolument parlant,
l'acte procede la puissance ou la possibilité.

L'acte & la puissance divisent necef-
sairement l'estre, soit qu'ils soient pris
en l'une ou en l'autre signification; car
tout estre est, en acte ou en puissance;
& tout estre est un acte, ou une puissance.

La puissance est ce qui rend les estres
capables de faire ou de recevoir quelque chose, ce qui nous la fait distinguer en puissance active comme celle

du feu de brûler , ou passive, qui y doit
necessairement répondre pour recevoir
quelque chose telle qu'est la puissance
du bois pour estre brûlé.

Ces puissances sont appellées naturelles , quand elles agissent suivant le
cours ordinaire de la nature : mais surnaturelles ou obedientielles, pour concourir avec Dieu à des effets extraor-
dinaires & surnaturels , telle qu'est la
puissance active du feu d'Enfer de brûler les demons, & la puissance obedientielle passive des demons d'en estre
brûlez.

Celuy qui dénieroit la puissance surnaturelle , ou obedientielle aux creatures , feroit injure à la Toute-puissance divine , à qui rien n'est impossible
que ce qui renferme une évidente contradiction : Or si Dieu peut faire à
neant quelque chose , il faut que à
tout estre à plus forte raison il en puisse faire toute chose, parce que son souverain domaine sur les creatures fait
que rien ne luy peut resister , & sa puissance infinie les peut élever à faire des
actions au dessus de leur force. C'est
sur ce pricipe que les miracles sont appuyés.

Cette puissance n'est rien autre chose qu'une capacité naturelle que l

creatures ont d'obeïr à Dieu, quand par une vertu surnaturelle, ou un concours particulier, il les releve au dessus de leurs propres forces.

Du genre, & de la difference.

SI la Logique ne nous avoit pas obligé pour regler nos actions de l'esprit, de traiter du genre & de la difference, ce seroit icy le lieu naturel d'en parler, n'y ayant aucun estre qui ne soit composé Metaphysiquement de ces deux parties.

La partie de l'essence commune a des choses de differentes natures, s'appelle genre, & la partie essentielle qui determine le genre, & en fait une espece, se nomme difference. C'est l'esprit seul qui détache ces deux parties de l'essence, qui ne sont reellement qu'une mesme chose, afin de mieux examiner l'estre qu'il veut connoistre, le considerant tantost suivant ce qu'il a de commun, tantost suivant ce qu'il a de propre. Voicy un Axiome pour les universaux, qui est, que plus les choses sont generales, plus elles ont d'étenduë & moins d'essence, c'est à dire, qu'elles conviennent à plus de choses, & qu'elles ont moins de degrez essentiels ou de differences : mais le côtraire arrive dans les choses moins generales qui ont plus d'essence & moins détenduë. Les exemples de cette verité se trouvent dans l'homme , dans l'animal & dans la substance.

Dans Dieu , il n'y a ny genre , ny difference, à proprement parler ; car le genre répond à la matiere Physique, & marque ce qui est commun à des natures differentes. Or Dieu n'a point de matiere, ni rien de commun avec les creatures, parce qu'il n'a rien à determiner, ni aucune espece à établir. Il n'a point aussi de difference, parce que c'est un acte pur qui differe par luy mesme.

De la subsistance.

DEpuis que le Mystere de l'Incarnation de JESUS-CHRIST nous a obligé de croire comme un article de foy, l'union hypostatique ou personnelle du Verbe divin avec la nature humaine, qui dans Dieu ne subsiste pas par sa propre subsistance , mais par celle du Verbe ; les Philosophes Chrétiens ont esté fort en peine pour distinguer la subsistance de la substance ; car il est de la foy, que dans JESUS-CHRIST, il y a deux natures, & une seule personne, comme dans la Trinité il y a trois perfonnes , & une feule fubftance ou nature.

Quelques Philofophes veulent que la fubfiftance foit un mode different de fubftance & de l'effence, par lequel elle fubfifte finguliere & diftinguée de toute autre chofe : mais mon opinion eft que la fubfiftance n'eft autre chofe qu'une fubftance qui fubfifte feule, & feparée de toute autre à qui elle eft incommunicable ; ou pour parler plus clairement, c'eft la fubftance finguliere, avec la negation d'union avec une plus noble, par laquelle elle pourroit fubfifter. Quand Dieu a pris la nature humaine dans les facrés flancs de la Vierge, cette Nature humaine eftant jointe à la Divine, n'a pas eu fa propre fubfiftance, puis qu'elle exifte par celle du Verbe divin, & qu'elle n'exifte pas feparée d'une plus noble, de mefme qu'une goute d'eau qui vient à eftre unie avec la mer perd fa nature de goute d'eau, & devient participante de la denomination & de la nature de la mer, quoy qu'elle ne perde rien de fon eftre ou de fa nature pour eftre confonduë dans ce grand Ocean. De mefme la nature humaine ne perd rien de fa nature pour n'avoir pas fa perfonnalité, quand elle vient à manquer de di-

stinction & de subsistance particuliere
propre & separée de toute autre substance plus noble; ce qui luy arrive, parce qu'elle est unie avec cét Ocean infini
de l'Essence divine qui fait subsister toutes choses, Personne ou hyppostase different d'avec le supost de ce que celuy-
cy se dit des creatures sans raison , &
ces deux premiers termes ne conviennent qu'aux creatures raisonnables,
comme à Dieu ou aux hommes.

De l'Inherence.

L'Inherence n'est pas encore un estre
different de l'accident auquel i
convient pour estre attaché à un sujet
mais c'est un pur raport d'un accident
avec la substance dans laquelle il existe , ou naturellement demande à y exi-
ster. Car dans le Saint Sacrement de
l'Autel, les accidens subsistent miraculeusement sans sujet, lors que Dieu
supplée au défaut du sujet des especes
ou des accidens de l'Hostie qu'il soûtient miraculeusement par sa Toute
puissance pour exercer nostre Foy.

III. DISSERTATION.

De la Science generale contenant le traité des causes.

CHAPITRE I.

Des causes de l'estre en general.

ENtre toutes les matieres que la Metaphysique nous peut découvrir pour l'intelligence des sciences particulieres, la plus importante & la plus universelle, & celle dont nous pouvons tirer le plus d'utilité, est le traité des causes en general. C'est dans une si riche matiere que nous cherchons des principes universels pour débroüiller toutes choses dans le particulier.

La Rhetorique y prend ses preuves comme dans un fonds inépuisable pour persuader les hommes ; les Philosophes y trouvent des raisons necessaires pour établir la fermeté de leurs conclusions, & tous les hommes, sans excepter le

C ij

vulgaire, ont befoin de cette matiere
pour fournir à leurs difcours ordinaires. Enfin, fi raifonner n'eft autre chofe que paffer de la connoiffance de la
caufe à celle de l'effet, ou de celle de
l'effet à la connoiffance de la caufe, &
que la fcience ne foit définie par Ariftote que la connoiffance d'un effet par
fes veritables caufes, cette ample matiere nous fervira tres-vtilement, tant
pour les fciences que pour l'ufage commun de la vie. La connoiffance des caufes qui relevent l'homme au deffus de
la condition des beftes qui n'ont que
l'experience pour connoiftre les effets
fenfibles, nous eft fi avantageufe, que
le Poëte Hefiode dit agreablement que
celuy-là eft heureux qui peut découvrir
les caufes de toutes chofes. *Fœlix qui*
potuit rerum cognofcere cauſus.

L'exiftence des caufes eft fi evidente,
qu'il faudroit avoir perdu le fens commun pour en douter, puifque toutes
les creatures que nous voyons font autant d'effets qui éprouvent neceffairement l'exiftence de leurs caufes, parce
que rien n'eft capable de fe produire
foy-mefme, & ainfi tout ce qui eft fait
doit fa naiffance aux principes qui l'ont
produit.

De tous les eftres, il n'y a que Dieu

qui ne reconnoiſſe aucune cauſe de ſon exiſtence, mais il eſt la veritable cauſe de tout ce qui eſt, & la premiere cauſe ſans laquelle il n'y auroit rien dans la nature, puiſque c'eſt luy qui eſtant de toute eternité a tiré toutes choſes du neant, comme la ſeule cauſe de leur exiſtence.

Pour avoir une exacte définition de la cauſe en general, entant qu'elle convient aux cauſes en particulier, il eſt neceſſaire d'obſerver qu'on prend ordinairement le nom de cauſe avec trop ou trop peu d'étenduë. En la premiere façon, on appelle cauſe tout ce qui contribuë à la production de quelque choſe, ſoit comme principe, comme occaſion, comme une condition neceſſaire pour agir, comme une cauſe par accident, ou comme une veritable cauſe. En la ſeconde façõ, qui eſt celle du vulgaire, le mot de cauſe eſt attribué ſeulement à la cauſe efficiente, comme lors qu'ils diſent que Dieu eſt la cauſe du monde, & le Soleil de la lumiere.

L'exacte définition de la cauſe eſt celle-cy. La cauſe en general eſt un principe qui produit par ſa propre force un effet different de ſoy, & qui en dépend pour avoir ſon exiſtence.

Ariſtote pour nous empeſcher de con-

fondre le principe, la cause & l'element, dit que le principe est plus general que la cause, & la cause que l'Element ; car tout principe n'est pas cause,
puisque le Pere Eternel est principe
de son Fils sans en estre la cause, la privation est le principe Metaphysique de
la generation du corps naturel sans en
estre la cause, & le terme est le principe
du mouvement dont il n'est pas la cause : mais toute cause est principe, comme il se connoist par sa définition ; &
quoy que tout element soit cause,
toute cause n'est pas element, puisque cela convient seulement à la matiere ; & à la forme en tant qu'elles composent un tout, & non pas aux
causes fficiente, finale & exemplaire.

Tout effet est différent de sa cause,
d'autant que rien ne se produit soy-mê-
me, & l'effet recevant necessairement
son existence de sa cause, il faut qu'il
en dépende, parce que la dépendance
est fondée sur ce qu'on reçoit ; c'est de
là que nous disons avec la Theologie,
que parce qu'il n'y a point de dépendance dans Dieu, qui est essentiellement Souverain, le Pere n'est pas
proprement la cause de son Fils, quoy
qu'il le produise, ny le Pere & le Fils ne

font pas les caufes du Saint Efprit, parce que ce font des independances qui
produifent vne independance fous l'u-
nité d'une nature. Mais il y a plus à admirer qu'à raifonner fur ces productions eternelles des perfonnes de la
Divinité. Et c'eft la feule Foy qu'il
faut fuivre plûtoft que la raifon, pour
nous conduire feurement dans une fi
fublime matiere.

Quand les Peres Grecs ont vfé du
mot de caufe en parlant du Pere Eternel à l'égard de fon Verbe, il les faut
expliquer favorablement, & dire qu'ils
n'ont pas pris le mot de caufe dans la
derniere rigueur , & ne pas conclure
criminellement avec Arrius, que Jesus-
Christ n'eftoit qu'une pure creature : Il eft bien plus jufte de dire , que
ces Peres de l'Eglife ont abufé du mot
de caufe qu'ils ont confondù avec celuy de principe , quoy qu'ils ayent entendu la mefme chofe que nous enten-
tendons aujourd'huy.

Il y a quatre caufes qui fe rencontrent
neceffairement dans la production de
tous les eftres creés ; fçavoir, l'efficiente, la materielle, la formelle, & la finale.
La preuve de ce nombre peut eftre tirée
en cette façon. Rien ne fe peut produire foy-mefme ; car ce qui produit eft, &

ce qui est produit n'est pas ; donc si une
mesme chose se produisoit , elle seroit se produisant , & ne seroit pas
estant produite , ce qui est impossible , & par consequent tout effet est
produit par une cause qui luy donne
l'estre, qui est celle qu'on nomme cause efficiente ; cette cause efficiente agis-
sant naturellement , ne peut pas produire les choses de rien ; car cela n'ap-
partient qu'à Dieu dont la puissance est
infinie ; elle suppose donc une matiere
qu'elle employe à la production d'un
ouvrage : mais parce que cette matiere
n'est pas produite par l'action de la cause efficiente , & qu'elle seule ne peut
établir la nature de l'effet, il faut admettre une forme , qui est le terme de
la generation , & ce qui fait estre la
chose ce qu'elle est , comme l'ame d'un
chien ou d'un cheval: mais la cause efficiente, soit Dieu, la nature, ou l'art, n'a-
gissant pas par hazard , doit estre déterminée à un but auquel elle veut arriver, ce qui la determine à produire
son ouvrage est la fin , qui la fait passer
de la puissance à l'acte.

Le nombre & l'ordre des causes peut
estre connu par cette proposition generale , la fin détermine l'agent qui est
une cause efficiéce qui suppose une ma-

tiere , pour y introduire une forme,
comme le gain determine un Sculpteur,
qui fuppofe du marbre pour y introduire la figure d'Alexandre.

L'Objet, qui eft la matiere fur laquelle s'attachent les puiffances, les habi-
tudes & les actions, ne fait pas une cinquiéme caufe differente des autres: mais
elle fe raporte à la materielle, comme
nous le ferons voir en fon lieu.

Les difpofitions neceffaires pour produire un effet, fe raportant à trois caufes, à l'efficiente qui les employe pour
agir à la materielle qu'elles difpofent
pour recevoir la forme, & à la caufe
formelle, entant qu'elles font des formes accidentelles qui font receuës dans
un fujet pour agir.

Les inftrumens agiffent feulement
par la vertu de la caufe efficiente qui
les meut comme leur caufe principale;
ils fe rapportent à la caufe efficiente, &
quand on les nomme caufes, c'eft abufi-
vement.

CHAPITRE II.

De l'Idée ou de la cause exemplaire

QUoy que nous demeurions dan
l'opinion ordinaire des Philoſo
phes modernes qui n'admettent qu
quatre cauſes, & que nous ne ſoyon
pas du ſentiment de ceux qui en ad
mettent une cinquiéme ſous le nom d
cauſe Ideale, ou exemplaire diſtingué
des quatre autres : Neantmoins, parc
que la connoiſſance des Idées eſt tres
neceſſaire, & de grand uſage pour for
mer nos connoiſſances, & nos ouvra
ges, je me ſens obligé d'en traiter
amplement.

La connoiſſance des idées a tant de
force pour nous rendre ſçavans, que
ſaint Auguſtin dans le Livre des 83. qq.
aſſure, que ſans les connoiſtre iamais,
perſonne ne peut devenir ſage, *Tanta*
vis eſt in Ideis, vt niſi his intellectis, ne-
mo ſapiens eſſe poſſit.

S'il eſt impoſſible de connoiſtre une
choſe qui eſt hors de nous, que par
l'idée qui nous la repreſente au dedans,
& que les Agens artificiels ne puiſſent
ravailler à la production de leurs ou-

vrages , qu'en imitant une idée qui
leur fert de forme & d'exemplaire pour
travailler à fon imitation , nous devons
confiderer les idées comme les principes de nos connoiffances , & de nos ouvrages, fans lefquelles nous demeu-
rerions ignorans & oififs.

Pour prouver que les idées font un
principe de connoiffance, foit dans les
fens , foit dans l'entendement , il faut
raifonner de cette forte. La connoiffance ne fe peut faire que lors que l'objet connu eft uni & prefent à la faculté
qui le connoift ; car comme pour agir
il faut eftre ; pour agir en un lieu , il
faut eftre prefent à ce lieu-là où l'on
agit ; or les chofes exterieures qui fe
font connoiftre dans les facultez in-
telligentes, y tiennent lieu d'Agens ;
donc elles y doivent eftre prefentes :
mais n'y eftant pas prefentes par elles-
mefmes à caufe qu'elles font hors de
nous , il refte qu'elles y foient prefentes par le moyen de leurs idées , ou
images, qui font comme autant de fideles copies , ou de meffagers invifi-
bles qui nous aportent les nouvel-
les de ce qui eft hors de nous.

Celuy qui voudra penetrer plus avant
dans cette noble & fublime matiere des
idées , doit confiderer Dieu comme

Createur de l'Univers, où il a renfermé cette grande multitude de creatures
differentes que sa Toute-puissance a tirée du neant , comme autant de portraits ou d'images vivantes de sa Divinité, pour servir à l'esprit de l'homme à
luy representer en mille & mille manieres les infinies perfections qui sont
en luy, comme les idées ou les originaux de toutes les creatures.

Mais un si parfait ouvrier ayant
travaillé à la production d'une infinité de creatures avec sagesse , poids &
mesure, comme parle l'Ecriture, il les
a produites & disposées par ordre , faisant, que les moins parfaites sont pour
les plus parfaites , comme les choses
inanimées dans l'ordre de la nature
sont pour les animées, & entre les animées les plantes sont pour les animaux,
& les animeux pour l'homme, comme
l'homme est pour Dieu.

Cette verité me fait considerer l'homme comme le chef-d'œuvre de toute la
nature , & son souverain Maistre au
dessous de Dieu ; d'où j'infere que toutes les autres creatures ont esté faites
pour son vsage. Or pour en disposer, il
les doit connoistre ; mais estant hors
de luy, il ne les peut pas connoistre
par elles-mesmes ; il reste donc que ce

soit par leurs images qui en sont comme de fideles copies, emanées pour
nous les representer dans les sens, &
dans l'entendement.

Aristote appelle ces especes intentionnelles, ces idées ou ces images qui
nous viennent des objets exterieurs,
des Messagers invisibles, qui sans se
faire connoistre nous font connoistre
toutes choses.

C'est en quoy nous devons admirer
la sagesse & la Puissance divine, qui
voulant nous rendre toutes les creatures intelligibles, leur a donné une
fœcondité admirable de se produire,
& de se presenter dans toutes les facultez qui connoissent, & de produire
une infinité d'images dans tous les lieux
d'où elles peuvent estre apperçeuës.

Cecy se peut prouver par l'exemple
du Soleil qui produit autant d'images,
non seulement qu'il y a d'yeux pour
le voir, mais encore qu'il y a de points
dans l'air; car en quelque lieu qu'il y
ait des yeux ou un miroir, on y verra
l'Image de cét Astre, & cette Image
n'estant pas produite, ni par les yeux
ni par le miroir, il faut qu'ils l'y trouvent produites par le Soleil mesme, &
ainsi de tous les autres objets repre-
sentez à la veuë.

Cette production d'images se fait
sans aucune alteration, ni aucune diminution de l'objet, & c'est une production qu'on appelle emanation semblable à celle par laquelle le Soleil
produit sa lumiere sans s'épuiser.

C'est à la Physique à expliquer la nature de ces Images, de quelle maniere
elles sont produites, si c'est par un af-
semblage d'atomes, comme l'a crû Epi-
cure, ou par mouvement de globes lumineux, comme Descartes l'a enfei-
gné, ou par des qualitez comme Aristote & ses Sectateurs nous le veulent faire croire.

Saint Thomas, apres saint Augustin,
se sert d'une admirable comparaison
pour expliquer de quelle maniere se
fait la production des images pour faire naistre la connoissance, soit dans
l'entendement, soit dans les sens; il
dit qu'il y a deux productions, dont
l'une est naturelle, comme celle d'un
Pere qui engendre son fils par la voye
de corruption; l'autre intentionnelle
qui produit une connoissance par la
voye de perfection.

Comme il se rencontre dans la generation naturelle, un Agent, qui est le
Pere qui engendre, un Patient qui est
la Mere, qui reçoit, un moyen qui est

la semence qui rend la nature fœconde,
un terme qui est le Fils , qui est l'effet
semblable à son Pere: De mesme dans
la generation spirituelle, ou l'intentionnelle des connoissances , nous ren-
controns un Agent qui est Pere de la
connoissance ; sçavoir, l'Objet, un Patient qui en est la mere ; sçavoir la faculté,& une semence qui sert de moyen,
qui est l'image qui est receuë, ou dans
le sens, ou dans la raison , pour la rendre fœconde de la connoissance , qui
en est côme l'enfant(*Partus mentis*)qui
pour estre veritable doit ressembler à
son Pere,c'est à dire,qu'elle doit representer l'objet côme il est dãs la nature.

En continuant cette comparaison ,
j'adjoûteray qu'une fausse connoissance est semblable à un monstre , lequel
s'éloignant de l'ordre de la nature ne
ressemble pas au Pere qui l'a produit,
comme lors qu'un homme engendre un
cheval ; il en est de mesme de l'erreur,
qui est un monstre de nostre esprit, &
de nos connoissances, qui s'éloigne de
l'idée de la chose qu'il doit representer. Telle est l'erreur de celuy qui veut
se representer un homme , quand il se
represente un cheval.

La difference qu'il y a entre ces deux
generations, dont l'une est comme spi-

rituelle à l'égard de l'autre qui eſt corporelle, eſt, que la premiere ne détruit rien dans ſon ſujet pour produire
ſon effet, au lieu que la generation naturelle ne ſe peut faire que de la corruption d'une autre choſe , comme le
feu n'eſt engendré que de la corruption
du bois, & l'intentionnelle perfectionne , ennoblit , & rend ſon objet plus
fœcond.

Ariſtote dit, que de toutes les choſes materielles , celles qui le ſont le
moins, & qui approchent le plus des
ſpirituelles ſont, les images, qui dans
les ſens ſe forment des eſprits, qui ſont
les parties les plus épurées & les plus
temperées , & plus mobiles du ſang : &
hors des ſens, elles ſont formées de la
lumiere qui s'eſt moulée ſur les corps
qu'elle repreſente.

Les Images qui viennent des objets
dans les ſens externes , & delà dans
les internes, qui ſont comme les por-
tes de l'ame pour y faire entrer & ſor-
tir nos connoiſſances, bien que tres-
épurées de la matiere, ſont pourtant materielles, tant à cauſe qu'elles partent
d'un principe materiel, qu'elles ont de
l'étenduë & de la figure , que parce
qu'elles ſont receuës dans un ſujet materiel qui ſont les ſens, auſquels elles

doivent eſtre proportionnées.

2 Si cela eſt ainſi, quelqu'un me deman-
dera comment les Images ou les fan-
tômes de l'imagination portent la connoiſſance à l'entendement, comment
elles le meuvent, comment elles
y peuvent entrer intelligiblement, &
le reduire de la puiſſance à l'acte. Je
répons, que c'eſt icy la plus grande difficulté de l'animaſtique : mais avant
que j'aprofondiſſe cette matiere, je
diray que les eſprits ſont le milieu ou
le lien de l'ame avec le corps, & ainſi
que l'entendement eſtant en quelque façon émeu par les eſprits qui forment
le fantoſme de l'imagination, il s'y
convertit, il l'éclaire, & devenant
agent & patient, il forme une image
ſpirituelle, & la reçoit pour connoître l'objet des ſens.

Cette Image ſpirituelle eſt ſemblable
à la corporelle, non pas quand à la
nature ; mais quand à la repreſentation,
comme deux ſtatuës, l'une d'or & l'autre de plâtre, peuvent eſtre ſemblable
quand à la repreſentation, quoy qu'elles ſoient differentes quand à la matiere, & cette meſme image ſpirituelle
ſe doit confronter ſur celle des ſens internes, & celle-cy ſur celle du ſens externe, qui eſt confrontée ſur l'objet

qui est le veritable original de toutes
ces copies, & qui y doivent estre parse
faitement conformes pour estre veritables.

Par cette raison nous disons, que
l'entendement annoblit les choses man-
terielles qui sont au dessous de luy en
les spiritualisant pour les faire entrer
dans l'ame qui est spirituelle : Et dela
nous concluons qu'il avilit la noblef-
se des choses qui sont au dessus de luy
purement immaterielles & infinies,
lors que pour les concevoir il les met
dans son imagination sous une idée
corporelle figurée & limitée, comme
lors que nostre esprit conçoit Dieu ou
les Anges sous des images corporelles.

Tant que nostre ame sera dans nostre
corps, elle ne concevra rien que par reduction aux images de la fantaisie, ce
qui fait dire aux Theologiens qu'on
ne connoist Dieu en cette vie que par
les creatures, & que dans un enigme,
comme parle Saint Paul. *Oportet intelli-*
gentem converti ad phantasmata.

Ce n'est pas assez de dire, que nous
ne connissons rien que par des images ; mais parce qu'elles sont toutes
interieures, & qu'il est besoin pour le
bien de la societé, de communiquer
nos pensées aux hommes que nous de-

...ons éclairer ; il faut pour leur faire
connoiftre eftant materiels , fe fervir
d'un figne fenfible, pour leur reprefenter, ce que nous avons dans l'ame. Le
plus intellible de tous les fignes exterieurs , & le plus univerfel & flexible
pour expliquer toutes chofes, c'eft la
parole, qui eft le portrait ou le truche-
ment de la penfée.

Mais cette parole eftant paffagere, &
ne communiquant nos penfées qu'aux
prefens, les hommes ont cherché à la
fixer pour la faire paffer à la pofterité,
& parler aux abfens, c'eft ce qu'ils ont
fait par l'Ecriture, qui eft le portrait
de la parole.

Comme cette écriture confifte en
des fignes trop connus de tout le monde , on a encore fait un nouveau figne
pour la reprefenter plus fecretement
pour le bien des Eftats, & pour en cacher le fecret par le moyen des chifres
& des autres inventions particuliers de
cette nature.

L'Ecriture fera donc le portrait de la
parole ; la parole, celuy de la penfée ;
la penfée ou la conception , celuy de
l'objet, & les objets font les portraits
ou les Images vivantes de la divinité,
ou pour mieux dire des Idées divines,
qu'il faut concevoir comme de nobles

originaux que Dieu contient dans sa simplicité, & dans la perfection de son Essence, & qu'il a imitées dans la production de ses creatures.

C'est encore sur cette pensée qu'il faut expliquer favorablement le divin Platon, lors qu'il a dit que ces natures universelles estoient des idées reellement separées des choses singulieres, lesquelles estoient dépoüillées de la matiere, & estoient comme des moules ou des sceaux qui s'appliquoient aux choses singulieres qui estoient faites à leur imitation, & qui precedoient leur production, comme le cachet precede la figure qu'il imprime. Ces idées ou ces natures universelles estoient dans la pensée de ce grand homme les originaux de toutes les creatures qu'il ne reconnoissoit que pour les copies ou les ombres de ces idées. D'où vient que ce Philosophe appelloit l'idée de l'homme en general, αυ'ταντϱο'πον l'homme mesme; & les individus, comme Pierre, Paul, n'estoient que des participations de cette nature ideale ou universelle qu'il ne distinguoit pas de l'Idée divine.

Platon a fort bien raisonné s'il a placé ces idées universelles dans Dieu, & c'est sur ce fondement qu'il faut excu-

er ce grand homme, auquel Ariftote
on difciple ambitieux a impofé mali-
cieufement, quand il les luy a fait met-
re hors de Dieu, afin de fe faire un
plus beau champ pour combattre la re-
putation de fon Maiftre. Ce vice eft
affez ordinaire aux efprits fuperbes,
qui pour rendre leurs opinions meil-
leures, & mieux combattre leurs ad-
verfaires, leur font dire mille chofes,
où ils n'ont iamais penfé. C'eft dóc une
chofe rare que deux Philofophes oppofez d'opinions, s'entrefaffent juftice
fur leurs fentimens.

L'ufage des idées eft fi neceffaire, que
fans leur fecours on ne peut former la
notion d'aucune chofe, rien ne peut
eftre confervé dans la memoire, & c'eft
à ces fidelles copies des eftres naturels à les reprefenter fidellement, puifque les fciences ne font qu'un fond des
idées qui reprefentent la matiere qui eft
l'objet de la fcience; les idées fpeculatives s'appellent Images, & dans l'Ecole efpeces intentionnelles, afin de re-
ferver le propre nom d'idée aux prati-
ques que les Agens artificiels imitent
en produifant leurs ouvrages.

Non feulement nous admettons des
idées fpeculatives dans les creatures in-
telligentes; mais encore dans Dieu, qui

par son infinie perfection contient en
soy dequoy se representer toutes les
creatures, tant existentes actuellement
que possibles ; parce que se connoissant
parfaitement, il connoît la cause exemplaire de toutes choses ; il ne faut pourtant pas dire que Dieu emprunte ses
idées des creatures qu'il connoist, c
estant la simplicité & la plenitude méme, il ne peut rien recevoir.

Il reste a établir l'existence de l'idée
en tant qu'elle est le principe des actio
artificielles, & qu'elle est l'exemplaire
qui conduit l'ouvrier à l'execution de
son ouvrage. Surquoy il faut asseurer
que tout Agent qui n'agit pas par hazard tend à la production d'une forme
qui est la fin de son action : Or l'Agent
ne peut agir pour produire une forme
s'il n'a en luy la ressemblance par laquelle il est determiné à produire une
chose plûtôt qu'une autre : cela arrive
en deux manieres ; Car les Agens naturels ont en eux-mêmes la ressemblance
de leurs effets suivant leur estre nature
c'est à dire pour la forme substantielle
comme un homme qui produit un homme, & du feu qui produit du feu.

Les Agens Artificiels sont determinés
à leurs ouvrages par l'idée qu'ils en ont
laquelle leur sert de regle, de modele

: d'original pour conduire leur travail,
ᵉn determinant les ouvrages de l'art par
ᵉette cauſe exemplaire qui en eſt la for-
ᵉe artificielle. C'eſt l'idée d'un Palais
ᵉui fait conſtruire un Palais par un Ar-
ᵉhitecte, & qui luy fait encore faire de
ᵉelle maniere, & l'idée d'Alexandre qui
ᵉuit tailler à un ſtatuaire la figure d'A-
ᵉexandre.

ᵉ C'eſt ſur ce fondement que nous con-
ᵉiderons l'art comme le copiſte de la na-
ᵉure; & parce que la nature eſt deter-
ᵉinée à ſes ouvrages par ſa forme ſub-
ᵉtantielle, qui vient de la termination
ᵉe l'idée Divine dont toute creature eſt
ᵉne copie; de meſme dans l'art une pro-
ᵉuction artificielle viendra de l'idée,
ᵉui eſt une forme artificielle placée
ᵉans la teſte des ouvriers pour ſervir
ᵉ'original à produire les ouvrages de
ᵉ'art, comme l'idée Divine ſert d'ori-
ᵉinal à produire les ouvrages de la na-
ᵉure.

ᵉ Comme nous dirons que la verité des
ᵉhoſes naturelles vient de leur confor-
ᵉinité avec l'idée Divine; la verité des
ᵉuvrages dépend de leur reſſemblance
ᵉvec l'idée qu'on en a formée; & com-
ᵉme l'original eſt toûjours plus noble
ᵉque la copie, jamais les choſes naturel-
ᵉes ne repreſentent Dieu parfaitement,

& nos idées qui sont les originaux de ouvrages que nous produisons à leu imitation ne sont jamais parfaitemen executées.

De là vient que les sages artisans qu sont grands connoisseurs, sont triste apres leurs ouvrages, parce qu'ils on assez d'esprit pour connoistre que l'exe cution n'a pû atteindre la perfection d l'idée & de la regle qu'ils s'estoien proposée. Nos paroles sont pour l, méme raison plus foibles que nos pen sées pour representer quelque chose comme nos mêmes paroles sont plu fortes & plus energiques que l'écritur qui n'en est que le portrait; ce qui est l: cause que l'éloquence vivante l'empor te sur la morte.

Nous dirons encore dans nostre poli tique, que les Rois, les Magistrats, le: Docteurs & tous ceux qui conduisen les peuples sont les plus nobles image: de Dieu sur la terre: Mais comme la co pie est infiniment au dessous de l'origi nal; ils ne peuvent dans leur ministere glorieux nous representer qu'imparfai tement les perfections divines, & cette conduite admirable que la sagesse E ternelle prend de ses creatures.

Tout Agent intellectuel qui n'agit pas par hazard, doit avoir la connoissance

ou

ou l'idée de l'ouvrage qu'il produit, donc la ſageſſe Divine qui a produit & qui gouverne toutes choſes avec ordre, poids & meſure, doit avoir les concep-tions ou les idées de toutes les creatu-res, ce qui fait qu'elle eſt la ſource de l'ordre & de la beauté du monde qui conſiſte dans la diverſité des choſes qui le compoſent ; c'eſt de cette verité que l'on peut tirer la preuve de la providen-ce Divine, & faire voir que la beauté des creatures ne vient pas de la cauſe prochaine qui les produit ; à ſçavoir de leur forme ſubſtantielle, que quelques réveurs de Philoſophes pour cette rai-ſon ont cruë intelligente : mais que cet-te beauté intelligente & cette harmonie de l'Univers vient de la premiere intel-ligence qui preſide à la production de toutes choſes qui eſt Dieu, qui ſe ſert des formes ſubſtantielles, comme de cachets pour exprimer les figures qu'il veut empreindre pour former la diverſi-té des creatures.

Comme l'intelligence & la beauté de la figure n'eſt pas dans le cachet, mais dans l'intelligence du Graveur qui l'a fait ; la raiſon ou l'intelligence n'eſt pas dans les formes qui produiſent ſi ſage-ment leurs effets : mais dans Dieu qui les conduit & les applique à leurs actiõs

comme des inſtrumens incapables de ſ
conduire d'eux-mêmes à la production
d'aucun ouvrage.

L'idée ſe définit une forme externe
qu'un Agent qui a la liberté de ſe pro-
poſer une fin, imite par ſoy en produiſ-
ſant ſon ouvrage qu'il luy rend reſſem-
blable.

Cette idée ſe rapporte à la cauſe formelle, car comme la forme ſubſtantielle fait eſtre une choſe ce qu'elle eſt, de
même l'idée reduit un ouvrage artificiel, à eſtre ce qu'il eſt.

L'idée des Artiſans eſt externe à l'é-
gard de l'ouvrage qui peut eſtre fait à
ſon imitation, & interne à l'égard de
l'Agent pource qu'elle eſt le terme de ſa
connoiſſance Pratique. L'image & l'i-
dée different, en ce que l'image nous
fait connoître ce qui eſt déja fait dans
la nature, & l'idée ce qui n'eſt point
encore fait ; mais ce que l'art doit executer. L'image fait connoiſtre l'objet
ſans ſe faire connoiſtre, & l'idée doit
eſtre connuë pour eſtre imitée des ouvriers.

Toute forme qui eſt imitée dans la
production d'un effet qu'elle determine, ne reçoit pas le nom d'idée : mais
celle qui eſt imitée par un Agent dia-
notique, ou intelligent, qui a la liberté

de fe propofer une fin ; c'eft pourquoy on ne doit pas appeller l'ame raifon-nable l'idée de l'homme , ny la forme du feu l'idée d'un autre feu qui en pro-vient , comme on appelle l'idée d'un Palais ou d'un portrait.

Les Agens artificiels qui imitent une chofe par hazard n'en ont pas l'idée, comme un peintre, qui penfant pein-dre un chien reprefente un cheval, n'a pas travaillé à imiter l'idée du cheval, parce qu'il ne l'avoit point dans l'ima-gination. Ainfi le peintre, qui ne pou-vant reprefenter l'efcume d'un cheval jetta par colere fon pinceau contre le tableau , & fit par hazard ce qu'il n'a-voit pû faire par adreffe, ne travailla fur aucune idée.

L'idée eft un exemplaire que les ou-vriers connoiffent pour imiter.

L'ouvrier qui imite l'idée qu'il a de fon ouvrage, imite auffi l'original na-turel, fur lequel cette idée a efté tirée.

Les Philofophes difputent avec cha-leur pour fçavoir fi l'idée eft feule-ment le portrait de l'ouvrage que les ouvriers ont dans l'efprit; ou bien l'ou-vrage mefme, entant qu'il eft connu, il eft facile de determiner leur diffe-rend, en difant que l'idée, qui eft la caufe de l'ouvrage qu'on fait à fon

imitation , n'en peut pas estre l'effet,
qui n'est pas encore , & qui seroit l'e-
xemplaire & la cause de luy-mesme,
ce qui est impossible. Cecy est évident
dans Dieu, dont l'idée n'est pas la chose externe qui doit estre faite entant
qu'elle est connuë. Car les idées de
Dieu dépendroient des creatures, &
ne seroient pas son essence tres-pure
& tres-simple , comme la Theologie
nous l'enseigne.

Des Idées divines.

LOrs que Dieu, qui est le plus parfait
de tous les ouvriers, agit hors de
soy dãs la production de ses creatures, il
ne doit pas travailler necessairement, ni
par un mouvement aveugle, comme plusieurs choses naturelles, ni par hazard
comme les fous ; c'est pourquoy il doit
avoir la connoissance ou les idées des
creatures qu'il veut produire.

D'autant que Dieu connoist plusieurs
choses qu'il veut faire, il doit avoir
plusieurs idées, puis qu'il connoist sa
Nature divine, entant qu'elle est intelligible , il ne la doit pas seulement
connoistre, suivant qu'elle est en elle-
mesme ; mais entant qu'elle peut estre
representée d'une maniere differente

par toutes les creatures qu'il produit,
comme de differens portraits de ſa Divinité.

Dans toutes choſes, la derniere fin
apartient au principal Agent, cóme l'ordre d'une armée dépend de celuy qui l'a
conduit; & parce que Dieu eſt le premier Agent, il a l'idée de l'ordre du
monde, qui eſt un effet de ſa ſageſſe; &
l'ordre du monde marque dans Dieu
l'ordre de pluſieurs idées differentes,
pour eſtre les originaux des differentes
creatures qui ſont icy bas.

Toutes les Idées divines ſont Dieu
meſme, à cauſe qu'il eſt tres ſimple, &
independant, & qu'il ne peut rien recevoir, ni entrer en aucune compoſition.

C'eſt une verité Chreſtienne que Dieu
en ſe connoiſſant, connoiſt toutes les
creatures, ſans avoir beſoin de recevoir leurs Images, parce qu'il connoiſt dans ſa Toute puiſſance la cauſe
de leur exiſtence dans ſes idées, les
cauſes de leur eſſence, & dans ſa volonté la cauſe de leur exiſtence, & de
leur ſingularité, pour laiſſer à la Theologie un plus profond examen des
idée divines.

Nous conclurons cette grande Diſ-
ſertation en affirmant, que la cauſe
exemplaire n'eſt pas une cauſe diffe-

rente de l'efficiente, entant qu'elle eft
le principe de la connoiffance & des
l'action artificielle ; & de la formelle,
entant qu'elle caufe la determination
des ouvrages de l'art qui font faits à
fon imitation ; nous en demeurerons
donc au nombre des quatre caufes;
fçavoir de la finale, de l'efficiente, de
la materielle, & de la formelle, dont
nous allons traiter en particulier.

CHAPITRE III.

De la caufe finale.

L'Ordre que nous remarquons dans
les actions des caufes qui travail-
lent à la production de leurs effets,
nous doit obliger de commencer leur
explication particuliere par la caufe finale, puifque c'eft elle qui eft la premiere dans l'intention des Agens qu'elle fait paffer de la puiffance à l'acte.

En effet, la fin a cét avantage fur les
autres caufes, qu'elles demeureroient
dans l'oifiveté fi elle ne les excitoit
comme le motif de toutes leurs actiós.
Adjoûtez que la fin eft en cela plus noble, qu'elle n'eft point meuë des autres
caufes qu'elle fait agir.

La fin en general fe prend pour une caufe pour laquelle une autre chofe eft faite, comme Dieu eft la fin des creatures qui font faites pour fa gloire.

De peur que les differentes fignifications qu'on attribuë à la fin, ne nous faffent tomber dans l'erreur, il faut remarquer que les Philofophes prennent la fin, ou pour un fujet qui reçoit quelque perfection, & en ce fens on dit que l'homme eft la fin de la fanté; ou pour une action, comme lors que nous difons que la connoiffance de la verité eft la fin de l'entendement, ou pour un bien que nous pourfuivons, comme la fanté eft la fin des remedes.

Les deux dernieres fignifications de la fin luy conviennent plus proprement que la premiere, que l'Ecole nomme (*Finis cui*;) car à parler exactement, la fin fe prend, ou pour un bien qui nous fait agir en excitant nos defirs, ou pour l'action qui eft la derniere perfection de chaque chofe naturelle; d'autant que la forme que fait la perfection du compofé luy a efté donnée pour agir.

A fin de mieux connoiftre la nature de la fin par une parfaite définition, il y faut confiderer trois chofes, le bien qui eft le fondement de la fin, fon

action, qui est de determiner la cause
efficiente; & la possession de la fin qui est
le terme du mouvement, & de l'action
qui nous y porte.

C'est une verité tres-importante de
connoistre que le bien est le fondement de la fin, & que le mal ne peut
donner le bransle à aucune action, ce
qui dépend du raisonnement suivant.

Toutes les actions, soit naturelles, soit
artificielles & morales, ne reconnoif-
sent que deux principes, qui sont le
bien & le mal ; le bien nous attire par
le plaisir, & le mal nous rebute par la
douleur.

Ce sont les deux ressorts de toutes les
actions humaines que nous pratiquons.
La raison est, que les causes n'agissent
que pour leur perfection. Or la perfection des choses ne se rencontre que
dans le bien, dont elle est l'essence ;
d'où j'infere, que si les creatures tendent à leur perfection naturelles elles
ne peuvent agir que pour le bien, &
non pas pour le mal, qui ne peut estre le
but ou la fin de leurs actions.

En effet, on ne peut agir que pour
ce qu'on desire, & on ne desire que ce
qui est convenable à nostre nature, &
une chose ne peut-estre convenable
qu'elle ne soit parfaite, c'est à dire

bonne, dont on ne peut avoir d'autre fin que le bien.

Celuy qui demande fi nous pouvons aimer le mal, le prendre pour fin, ou nous déterminer à fa pourfuite dans nos actions, demande fi le mal contre fa nature peut eftre un bien, ainfi comme il n'a pas raifon d'en douter, il propofe une queftion ridicule & contradictoire.

Il arrive pourtant fouvent que nous embraffons le mal, lors que les fins que nous nous propofons font criminelles, & que nos fouhaits font defectueux; mais cela n'arrive que lors que le mal veritable prend dans noftre imagination les trompeufes apparences du bien pour nous feduire. Quand donc les pecheurs embraffent le mal, c'eft par accident; ce qui fe verifie par l'inclination des avares qui fe propofent les richeffes pour fin de leurs actions, parce que leur erreur les leur reprefente comme des biens veritables, & capables de les rendre heureux.

L'étroite liaifon du bien & de la fin dont il eft le fondement, les a fait confondre; mais la fin eft un bien qui fait agir la caufe efficiente, pour y arriver comme à fon terme. Par exemple la fcience qui eft un bien de l'ame, n'eft

la fin que de ceux qui la recherchent.
Ainsi comme le bien a du raport avec
l'appetit qui le desire, la fin en a avec
l'action de la cause efficiente qu'elle
fait agir.

Si jamais un agent n'agit qu'il ne
soit determiné à une chose qui le fait
passer de la puissance à l'acte, il faut
qu'il y ait dans toutes sortes d'actions
une fin qui donne le branle aux agens
intellectuels & naturels.

Si nous considerons la fin à l'égard
de l'execution, c'est un terme auquel
nous taschons d'arriver, c'est à dire,
un bien que nous taschons de posse-
der.

Il ne suffit pas que la fin soit un bien;
il faut que ce bien soit connu pour exciter nos desirs, & cette connoissance
en est comme l'application, par laquelle il est uni à l'imagination pour
mouvoir le cœur, d'où j'infere que le
bien qu'on ne connoist pas, est semblable aux remedes excellens, qui pour
n'estre pas appliquez ne produisent
aucun effet.

D'autant que la fin à laquelle on aspi-
re doit estre connuë, ou par la chose
qui y tend, ou par l'Agent superieur
qui y conduit, les Philosophes demandent si la fin fait agir, ou par sa

connoiſſance , ou par ſa bonté. Il eſt
facile de terminer cette fameuſe queſtion d'Ecole, diſant que la connoiſſance de la fin eſt ſeulement une condition
neceſſaire pour faire agir la cauſe efficiente : mais que c'eſt ſa bonté qui nous
meut ; en effet nous n'en cherchons pas
la connoiſſance, mais la bonté; & le
malade qui deſire la ſanté qu'il connoiſt
ne viſe pas à la connoiſſance qu'il en a,
mais à la realité , & à la bonté de la
ſanté.

L'action de la fin conſiſte dans les attraits du bien qui en eſt le fondement ,
qui ſont auſſi neceſſaires pour exciter
la cauſe efficiente , comme la chaleur
eſt neceſſaire pour échauffer , ainſi la
vertu de la fin par laquelle elle meut
les Agens, n'eſt autre choſe que les
attraits du bien , ou pour mieux dire le
plaiſir , qui eſt le motif neceſſaire de
toute ſorte d'actions.

La fin ſe peut définir parfaitement en
cette maniere. Un bien connu, qui par
ſa bonté excite la cauſe efficiente à en
rechercher la poſſeſſion.

Il y a trois actions de la volonté à
l'égard de la fin , l'amour ou l'intention, le deſir ou la pourſuite, la poſſeſſion ou la joüiſſance.

Trois autres à l'égard des moyens, le

choix, le consentement & l'usage, toutes ces actions sont les effets de la fin.

Entre toutes les divisions de la fin, la
plus necessaire est celle qui divise la
fin, en derniere, & en moyenne. Les
Agens par des actions produisent des
effets, c'est pourquoy on peut diviser
la fin à l'égard de l'agent, de l'action, &
de l'effet.

La fin est, ou de l'agent naturel, ou
de l'agent artificiel, la fin de l'agent
naturel est, dans les causes univoques
d'engendrer son semblable, & conse-
quemment d'executer les ordres de la
Providence divine, en conservant
l'ordre & la beauté du monde.

La fin d'un agent artificiel est, ou de
l'ouvrier, ou de l'art.

La fin des ouvriers, qui sont des causes libres, n'est point déterminée, parce qu'elle dépend de sa volonté, qui
peut choisir entre une infinité de biens
particuliers celuy qu'il luy plaira prendre pour fin, quoy qu'elle le raporte necessairement au bien en general, qui est la derniere fin de laquelle
il ne se peut départir.

La fin prochaine de l'art est l'action,
comme le raisonnement est la fin prochaine de la Logique ; la fin éloignée
est l'ouvrage, comme la maison est la

fin de l'architecture.

La fin de l'action est l'effet qui en provient.

La fin des chofes naturelles confiste dans leurs propres actions , d'autant que la fin d'une chofe naturelle confiste dans fa derniere perfection, c'eft à dire dans la propre action de la forme qui luy a efté donnée pour agir, comme la fin naturelle de l'homme confiste dans la connoiffance , & l'amour de Dieu, à caufe que nous n'avons receu l'ame raifonnable que pour cette fin.

La fin des chofes artificielles , & des inftrumens eft leur ufage , comme la fin d'un chapeau eft de couvrir la tefte.

La derniere fin eft celle qui eft defirée pour elle-mefme, & à laquelle toutes les autres chofes fe raportent.

La derniere fin eft ou abfolument derniere à l'égard de toutes chofes qui eft Dieu , ou derniere dans une certaine efpece feulement , comme la fanté dans la medecine, & les honneurs dans l'efprit de l'ambitieux.

Il faut que toute fin foit un bien, autrement elle ne nous attireroit pas ; d'où je conclus, que la mort n'eft pas la fin ni le but de la vie, mais fon bout & une privation du plus grand de tous les biens naturels. C'eft pourquoy à parler veritablement, personne ne souhaite la mort simplement, parce que c'est un mal en elle-mesme : mais on la peut souhaiter comme un passage à la vie eternelle, ou comme un terme qui finit les douleurs de la vie presente : en la premiere façon les Saints la souhaitent. *Cupio dissolui*, dit S. Paul : en la seconde, les miserables desirent mourir pour finir leur misere.

Si on ne peut pas souhaiter la mort bien moins l'aneantissement ; par les mesmes raisons, on ne peut souhaiter l'ignorance , la pauvreté , aimer la nuit, les tenebres, le peché, &c. Qu'à cause des biens qui accompagnent ces privations-là ; l'indolence sans plaisir ne peut pas non plus estre l'objet de la felicité.

Il y a contradiction manifeste à soûtenir , que l'on peut en mesme temps se proposer deux fins absolument dernieres, par exemple les plaisirs & les honneurs ; car ou les honneurs se raportent aux plaisirs, & ainsi ils ne sont plus la derniere fin, qui ne se doit raporter à aucune autre chose ; ou ils ne s'y raportent point, & alors les plaisirs ne seront plus la derniere fin , parce que toutes choses ne leur seront pas raportées.

On peut établir l'existence d'une derniere fin par la mesme preuve que
l'on établit une premiere cause efficiente ; car si dans les choses qui sont
essentiellement dépendantes les unes
des autres , & subordonnées , on ne
peut aller à l'infini ; par exemple si ie
remonte dans l'ordre des causes qui
m'ont precedé, il faut en trouver une
premiere, qui estant de toute eternité
a donné dans le temps l'existence aux
autres qui en dépendent, autrement il
n'y auroit aucun effet, puisque rien ne
peut provenir de causes infinies qui
n'auroient iamais esté parcouruës; donc
comme il y a une premiere cause efficiente de laquelle sont venuës toutes
choses, & sans laquelle elles n'auroient
pû estre produites, de mesme il y a une
fin absolument derniere à laquelle toutes choses doivent estre raportées, &
sans laquelle rien ne pourroit estre
desiré, parce que nos souhaits ne peuvent aller à l'infini, il faut donc une
derniere fin comme un premier principe, qui n'est autre que Dieu, que l'Ecriture pour la mesme raison appelle,
A & Ω ; pour nous declarer qu'il est le
premier principe, & la derniere fin des
creatures.

Dieu n'est pas seulement le premier

principe de toutes choses , il en est
aussi la derniere fin , parce que tout ce
qui est premier en chaque ordre en est
souverain, ce qui est souverain est independant, ce qui est independant ne
peut estre determiné que de soy , autrement il dépendroit de la cause finale
exterieure qui le determineroit, ce qui
se determine est sa fin.   Disons donc
que si Dieu s'est determiné librement à
produire les creatures, il les a produites pour sa gloire ; & comme il en est
necessairement le premier principe , il
en est aussi fait la derniere fin.   Les
creatures sont raportées à Dieu par la
providence qui conduit toutes choses
à leurs fins particulieres pour les reü-
nir dans leur derniere, qui est sa gloire.

Pour rendre cette verité plus connuë, servons-nous de la comparaison
d'un Monarque à l'égard de ses sujets,
cét exemple sera d'autant meilleur,
que les Roys sont plus proprement que
les autres hommes les Images de la
Divinité. Comme le Roy est le premier
principe de l'authorité & du comman-
dement dans un Royaume, il faut que
toute legitime authorité vienne de luy
seul qui la distribuë à ses sujets ; mais
comme le premier principe de chaque
chose en est aussi la derniere fin , il

faut que toute l'authorité regarde le
Roy, & qu'elle s'y raporte comme à
fa derniere fin, comme le Souverain
qui agit pour fa gloire, & la felicité
de fon Etat, prend foin de determiner
des fins particulieres aux professions
differentes de fes fujets pour les reü-
nir par fon authorité dans le bien public : Dieu fait le mefme par fa providence, & comme les Roys font fi jaloux de leur authorité qu'ils ne par-
donnent iamais à ceux qui l'attaquent,
de mefme Dieu eft fi jaloux de fa gloire
qu'il punit puiffamment les impies qui
le deshonorent par l'Atheïfme ou l'ir-
religion.

Comme Dieu eft le premier Eftre, &
le premier Agent, il eftoit feul quand
il a agy, d'autant qu'il ne peut y
avoir deux premiers eftres ; il a donc
efté déterminé par luy-mefme, & par
confequent il s'eft fait la fin de toutes
chofes.

D'autant que Dieu eft le Souverain
bien, & la premiere fource de tous les
biens particuliers qui viennent de luy,
il faut que tous les biens fe raportent
à luy ; & le bien eftant le fondement
de la fin, ces fins particulieres fe raporteront à la derniere qui eft Dieu,
comme les biens particuliers au bien en

general dont ils dépendent, comme de
leur source, & comme les conclusions
dépendent de leur principe.

Pour établir cette belle maxime, &
de si grand usage dans toutes les
Sciences, que toutes choses retournent dans leur principe, ou que le
premier principe de chaque chose en
est aussi la derniere fin, il faut faire
une induction generale dans la nature.

Toutes les eaux partent de la mer
qui en est la source, elles y retournent aussi toutes comme à leur fin, &
au terme de leur repos, tous les corps
mixtes viennent des quatre élemens par
la generation, ils y retournent aussi
par la corruption, le feu vient du Ciel,
il doit retourner au Ciel, l'ame, dit
saint Augustin, vient de Dieu immediatement qui est infini, c'est pourquoy
elle ne peut trouver son repos que dans
le mesme principe, qui est la possession
de Dieu ; nos connoissances viennent
des objets exterieurs qui en sont les
premiers Peres, ils s'y doivent aussi
raporter par cét admirable Criterion,
ou examen des sens, qui confronte
les images les unes avec les autres,
jusques à ce qu'elles soient reduites
aux objets qui en ont esté les princi-

pes. Faute de cette reduction, ceux qui dorment ne peuvent raiſonner.

Puiſque Dieu eſt le premier principe, & la derniere fin de toutes choſes, toutes les creatures tendent à Dieu. Cecy eſt fondé ſur cette verité, dans l'ordre des choſes qui excitent quelque mouvement & qui le reçoivent, les cauſes ſecondes tendent à la fin de la premiere, ſuivant l'impreſſion qu'elle leur donne, comme l'ame excite le mouvement de la main, la main celuy d'un bâton qui frape quelqu'un, & qui arrive par ce moyen à la fin que la volonté s'eſt propoſée ; d'où il s'enſuit, que les creatures ont receu de Dieu qui eſt leur premier cauſe, une inclination de tendre à la fin à laquelle elles ſont conduites par ſa providence ; & comme les creatures viennent de Dieu entant qu'il eſt bon, elles ont receu de la meſme bonté une inclination de tendre au ſouverain bien. Si elles tendent à des fins particulieres qui ſont conformes à leur nature en les cherchant, elles tendent à Dieu qui eſt le principe de toute bonté, comme les ſujets d'un eſtat tendant à leurs fins particulieres conſpirent au bien public qui les renferme.

La fin ſe peut connoiſtre par raport

à la cause efficiente, comme la nature
de la cause efficiente est d'agir, la nature de la fin est d'estre desirée, comme les
causes secondes agissent dépendem-
ment de la premiere qui leur a imprimé
la vertu d'agir les fins particulieres
sont desirées, à cause de la bonté de la
fin principale & derniere, donc comme Dieu agit par son concours en tous
les agens, il est desiré par la commu-
-nication de sa bonté en toutes sortes
de fins.

Les creatures destituées de raison ne
se portent pas à leur fin, ni ne tendent
pas à Dieu d'une façon si particuliere
que l'homme, parce qu'elles ne le connoissent pas en qualité de fin estant destituées de raison, elles ne s'y portent
pas, mais elles y sont conduites par
une cause superieure qui est Dieu, suivant l'inclination qu'elles ont d'y arriver. Les impressions par lesquelles
Dieu les meut sont les qualitez naturelles, ou les puissances qu'il leur a
données pour y arriver, c'est en ce
sens qu'il faut entendre Aristote &
saint Thomas, quand ils disent, *Lapis
movetur à generante gravitate indita ani-
malia instinctu, &c.*

Toutes les creatures qui sont destituées de raison sont à l'égard de Dieu,

ce que ſont les inſtrumens à l'égard des cauſes principales qui les meuvent, c'eſt pourquoy elles agiſſent neceſſairement, & elles ne raportent rien à leur fin.

Les creatures irraiſonnables n'arrivent à leur derniere fin, qu'entant qu'elles ont quelque reſſemblance de Dieu, par la participation de l'eſtre, de la vie, ou de quelque connoiſſance des ſens.

Les creatures raiſonnables ſe portent à Dieu; car ayant receu la raiſon, qui eſt une participation de la Loy eternelle, ou de la raiſon Divine, ils connoiſſent Dieu par leur entendement, & s'y portent librement par leur volonté.

Saint Thomas dit, que Dieu eſt dans les cauſes ſecondes, comme le principe dans les concluſions, donc comme il faut de la raiſon pour reduire une concluſion à ſes premiers principes, il faut l'uſage de la raiſon pour ſe porter directement à Dieu; comme il n'y a que l'homme qui vienne immediatement de Dieu, il n'y a que luy qui ſe raporte directement à luy, & qui luy puiſſe eſtre uni dans la gloire, qu'il peut meriter apres ſes bonnes actions élevées par la grace.

Si Dieu eſt la derniere fin à laquelle

toutes chofes doivent eftre raportées, rien ne s'en peut éloigner, ainfi quand l'homme qui eft libre s'éloigne de Dieu par le peché, ce n'eft qu'indirectement en le cherchant dans un faux bien pour l'abandonner dans le veritable, ce qui fait dire à faint Auguftin que tous les hommes qui font attachez indifpenfablement au bien, ne fe peuvent éloigner du fouverain bien, qui fe rencontre dans tous les biens, ainfi ils cherchent Dieu par tout; mais les plaifirs défendus aufquels les hommes s'attachent eftant contraires à la Volonté divine, ils n'y trouvent pas Dieu ni un bien veritable, mais des biens periffables.

Les hommes qui ne fe raporteront pas à la gloire de Dieu dans le Paradis, feront paroiftre fa gloire dans les Enfers, où ils feront les malheureux objets de fa Juftice vengereffe; ainfi quelque chofe que l'homme faffe il contribuë à la gloire de Dieu qui eft fa fin, eftant neceffairement l'Objet, ou de fa mifericorde, ou de fa Juftice.

Puifque Dieu eft le Souverain bien & la derniere fin, nous ne pouvons le haïr comme Dieu: mais comme jufte vengeur de nos crimes; c'eft pourquoy celuy qui haït Dieu, qui combat fon exiſtence, avoüé qu'il eſt déreglé; & s'il haït Dieu , comme vengeur de ſes crimes, il faut qu'il l'aime en la con-ſervation de ſa Perſonne , & qu'il ſe re-connoiſſe criminel.

L'exiſtence des fins moyennes eſt évi-dente; ce qui ſe peut prouver par ce rai-ſonnement; comme il y a un bien ſou-verain & dernier, il y a des biens parti-culiers & creés , qui ſont des fins moyennes.

Comme il n'eſt pas de l'eſſence de la fin d'eſtre derniere abſolument , mais à l'égard de quelque choſe ſeulement, il y aura des fins moyennes qui ſont finis, à l'égard de ce qui eſt fait pour elles, & moyens à l'égard de la fin plus éloignée, comme la ſanté eſt une fin à l'égard de la Medecine, & un moyen à l'égard des bonnes actions que nous devons exercer quand nous la poſſe-dons.

La fin eſt, le terme du mouvement de la même maniere que la cauſe efficiē-te en eſt le principe , donc comme l'eſ-fence de la cauſe efficiente n'eſt pas d'eſtre le premiere principe du mou-vement, l'eſſence de la fin ne ſera pas d'en eſtre le dernier terme ; il faut donc admettre des fins moyennes , comme nous admettons des cauſes ſecondes efficientes.

Pour continuer la mesme comparaison, disons que tout ainsi que dans les
causes efficientes, il y a trois degrez
d'Agens ; le premier qui est Dieu, qui
agit par sa propre vertu, & indepen-
demment ; le second, qui agit par sa propre vertu ; mais dépendamment de la
premiere cause, comme les causes principales ex. l'homme ; & le troisiéme qui
agit seulement par la vertu d'autruy ;
sçavoir les instrumens ; de mesme dans
la fin il y a trois degrez de biens, un dernier qui est Dieu, qui est desiré pour lui-
mesme, & qui n'est desiré pour aucune
autre chose, des biens particuliers, qui
ayant de la bonté sont desirez pour eux-
mesmes ; mais cette bonté venant du
souverain bien ; ce sont des moyens qui
s'y raportent ; & d'autres choses, qui
n'ayant aucune bonté que dans leur
usage sont desirées seulement pour une
fin, & sont de purs moyens, comme un
remede amer à l'égard de la santé, ou
les richesses à l'égard des plaisirs.

La nature agit pour une fin, parce que
les choses naturelles n'arrivent pas for-
tuitement, & par hazard, ce qui est
évident par l'ordre admirable des parties du monde qui en composent la
beauté, par la diversité des parties qui
en composent l'union admirable avec
une

une dependance si parfaite que les choses
sublumaires ne pourroient se mouvoir
& vivre, si elles ne recevojent les influen-
ces des corps celestes.

Pour mieux prouver que tout agent naturel agit pour une fin, & qu'il n'y a pas
le moindre ouvrage dans la fabrique de ce
grand Vnivers, qui ne soit l'effet d'une
intelligence invisible qui y travaille; Il n'y
a qu'a comparer les agens artificiels dont
la conduite nous est évidente par nostre
propre experience avec les agens naturels,
dont la conduite nous est plus cachée,
parce qu'ils agissent hors de nous.

Comme les agens artificiels sont cen-
sez agir pour une fin, quand ils se determi-
nent à produire un ouvrage, & qu'ils em-
ployent des moyens certains pour son execution; par exemple, un orloger agit pour
une fin quand il travaille à une montre
propre à marquer les heures, & qu'il employe un ressort & des rouës pour venir à
bout de son dessein; à plus forte raison
nous devons dire que les agens naturels
plus determinés & plus certains dans leurs
productions naturelles que les artisans,
agissent pour une fin, puis qu'ils ne manquent presque jamais d'employer les
moyens les plus assurez pour l'execution
de tout ce qu'ils produisent.

En effet, qui est le Philosophe assez

aveugle, qui envifageant le Soleil & les Aftres envoyer leurs lumieres fur les corps terreftres, ne conclura pas que c'eſt à deſſein d'éclairer, d'échauffer, & animer les chofes d'icy bas; à voir les nuées élevées en l'air & pouſſées par les vents, n'eſt-il pas raifonnable de reconnoiſtre que la nature a deſſein d'en arroufer la terre, pour la rendre fœconde par la produ&tion des plantes, & ces mefmes eaux ne s'écouleroient pas ſi naturellement par les fources & les ruiſſeaux dans le li&t des fleuves, ſi la nature n'avoit fabriqué ces canaux à deſſein de les faire retourner à la mer comme à leur principe, & à la fin de leur cours.

Mais ſans rien emprunter du dehors, examinons la fabrique, admirable de nôtre corps, & nous ferons contraints d'avoüer que la nature ne la pas formé par hazard: mais induſtrieufement pour exercer toutes les fon&tions qui nous ſont neceſſaires: les yeux ne font-ils pas fabriquez pour jouïr de la lumiere, & difcerner les objets par les couleurs; les oreilles pour recevoir les fons, le nez pour flairer les odeurs, & ainſi des autres fens.

C'eſt une chofe digne d'admiration, de voir comment le cœur eſt le principe de la vie & du fang, & comment il fait circuler le fang dans les les veines &

dans les arterres, pour nourrir , échaufer
& animer toutes les parties du corps;
comment le cerveau est partagé en differentes cellules pour contenir les esprits,
& comment il les influë par les nerfs
& les muscles pour mouvoir toutes les
parties du corps; peut-on nier à voir la
fabrique des os, leurs emboitures & leurs
ligamens , qu'ils ne soient des parties
destinées à soûtenir & mouvoir toute la
machine du corps ; mais ce qui est de
plus admirable en nous, c'est la disposition surprenante des vaisseaux umbili-
caux destinez à nourrir l'enfant dans le
ventre de la mere. Qui peut donc nier apres
la consideration d'une machine toute divine, puisque Dieu l'a formée, que cét
ouvrage naturel ne soit fait pour une
fin determinée.

Il faudroit estre plus aveugle que la
fortune, pour assurer que cela s'est formé
sur un fortuit concours d'atomes volti-
geans dans les airs , sans dessein & sans
conduite. Si une statuë taillée par un excel-
lent Sculpteur ne peut estre faite sans dessein & sans l'intelligence qui côduit sa main,
nous devons dire que l'original qu'elle
represente, & qui est travaillé au dedans
& au dehors, est bien l'effet d'une plus
rare industrie; ce qui nous fait conclure
que tout agent naturel agit tres-asseuré-

ment pour une fin. *Omne opus naturæ, opus*
intelligentiæ.

Mais j'entens Defcartes qui foûtient
dans fa Metaphyfique, qu'il y a de la teme-
rité à examiner l'artifice dont Dieu s'eft
fervy dans la creation de l'Univers, & de
vouloir penetrer la fin qu'il fe propofe
dans tous les ouvrages naturels : Il eft facile de luy répondre qu'il n'eft pas permis
de penetrer trop avant dans les deffeins
que Dieu nous a vulu cacher; mais il
faut qu'il nous avouë qu'il eft bien raifonnable de confiderer les ouvrages mer-
veilleux que Dieu expofe tous les iours fur
le theâtre de la nature, pour nous obliger à benir, glorifier, & adorer la Sageffe
de ce Divin Ouvrier qui les a creés, & qui
les fait agir avec nombre, poids, & me-
fure.

CHAPITRE IV.

De la Cause Efficiente.

TOus les Philosophes tombent
d'accord, que c'est la cause Efficiente qui merite proprement le
nom de cause; & que les autres causes n'en portent le nom que dépendamment de celle-cy. En effet, la cause finale n'est appellée Cause, que par raport à l'Efficiente qu'elle détermine, &
qu'elle fait agir ; l'exemplaire n'est
cause que parce qu'elle dirige l'Efficiente; la materielle, que parce que
l'efficiente l'employe dans la production de ses effets; & la forme mesme
ne passe pour cause, que parce que l'efficiente qui luy donne l'estre, s'en sert
pour la determination de ses Ouvrages.
C'est pourquoy quand nous cherche-
rons en Physique la cause veritable des
effets naturels, nous examinerons la
nature de l'agent, ou de la cause efficiente qui les produit. Comme la connoissance en est tres-importante, & que
le Metaphysicien en doit former plu-

sieurs maximes generales, pour éclaircir les matieres Physiques, nous nous expliquerons plus amplement dans ce Chapitre que dans les precedens: Et pour y proceder avec ordre, nous deffinirons & diviserons la cause efficiente avant que d'examiner les questions qui nous la font connoistre.

La Cause efficiente est un principe, qui par une action reelle produit un effet dépendant & different de soy. Cette définition a esté suffisamment expliquée en parlant des causes en general.

1. On divise la cause efficiente en premiere, eternelle, & independante, qui est Dieu Createur, Conservateur & Moteur de toutes choses: Et en seconde, creé, & dependanre; qui est la creature produite, conservée & meuë par la premiere dans toutes ses actions.

2. La cause se divise en libre & en necessaire. La cause libre est celle qui a le pouvoir de se determiner dans ses actions, c'est à dire, qui peut suspendre son action, ou en exercer deux contraires. La cause necessaire est celle qui est tellement determinée dans les actions & dans les effets qu'elle produit, qu'elle ne peut resister au mouvement de la cause superieure qu'elle suppose pour la necessité dans tout ce qu'elle fait.

Il est bô de remarquer icy cette importante maxime dont nous nous servirons
souvent dans la Physique & dans la
Morale : Qu'il n'y a que Dieu, & les
creatures intellectuelles & raisonnables qui joüissent du privilege de la liberté dans leurs actions ; & que toutes
les causes efficientes corporelles sont
necessitées dans tout ce qu'elles font, &
n'ont point d'autre mouvement que celuy qui leur est imprimé par la puissance & la determination volontaire
des causes libres. Exemple, un épée qui
sert à fraper l'ennemi, n'a point d'autre
mouvement que celui qui luy est communiqué par la main du soldat qui la
manie ; & cette main est meuë necessairement par le mouvement des esprits,
qui dépend de la determination volontaire de l'ame, qui est la vraye cause de
la playe que fait l'épée. Nous dirons
pareillement en Physique que tous les
corps, soit Superieurs, soit inferieurs,
n'ont point d'autre mouvement dans
leurs actions naturelles que celuy que
Dieu leur imprime comme un premier
Moteur libre & out puissant, qui les
gouverne & les assujettit necessairement
aux loix indispensables de sa Providence.

Mais quand Dieu veut pour sa gloire

faire éclater un miracle, en changeant
l'ordre necessaire des Agens naturels,
il nous fait bien voir par là, qu'il n'est
pas comme un fabuleux Iupiter esclave
de la fatale necessité du destin ; parce
que c'est un premier Agent independant, qui est le Maistre des mouvemens
de la nature, qui peut establir, continuer, interrompre, & changer suivant
son bon plaisir ; de mesme que l'homme
peut établir, continuer, interrompre &
changer quand il luy plaist les mouvemens corporels que Dieu a soumis à
l'empire de sa liberté.

3. La cause efficiente se divise en
universelle & generale, qui contribuë à la production de plusieurs effets
differents. Exemple, Dieu & le Soleil à
l'égard de tout ce qui se produit icy
bas : Et en particuliere, qui contribuë
seule à la production d'un effet. Exemple, le Soleil à l'égard de sa lumiere.

4. La cause efficiente est ou principale qui agit par sa propre vertu, ou
instrumentaire qui agit par la force
& par le mouvement de la principale.
Exemple, l'Escrivain est la cause principale de l'Escriture & la plume n'en est
que la cause instrumentaire.

Comme nous sommes persuadez que
la matiere est un pur principe passif

propre seulement a composer les estres
naturels, & à estre le sujet du mouvement local, nous dirons qu'à parler
dans la rigueur, il n'y a proprement
que l'estre spirituel (dont la nature &
l'essence est d'estre un acte, c'est à dire,
un estre superieur à l'estre corporel &
absolu sur ses mouvemens) qui soit un
Agent ou une veritable cause principale; & que les Agens materiels, où les
corps ne sont à dire le vray que les instrumens meus par les agens intellectuels. D'où ie conclus, que les parties
organiques du corps humain ne sont
que les instrumens de l'ame spirituelle
qui les meut, & qui les anime. Et tous
les differens corps qui composent l'U-
nivers ne sont à proprement parler que
les instruments dont Dieu, comme premier Artisan & Souverain Moteur se
sert pour composer l'harmonie de l'U-
nivers, & par là manifester sa gloire.

5. La cause efficiente est appellée
totale, quand elle produit seule un effet : Exemple, un cheval qui traisne
seul le carosse d'un Medecin, ou par-
tielle, quand elle ne produit que partie
de son effet : Ex. six chevaux sont les
causes partielles qui traisnent le carosse d'un grand Seigneur.

6. La cause efficiente est, ou univo-

que, quand elle produit un effet de mefme nature. Ex. un homme qui produit
un homme ; ou equivoque, quand elle
produit un effet de differente espece.
Exemple, un homme qui produit un
monstre, ou un Architecte qui produit
une maison.

Les Agens naturels qui engendrent
leurs semblables sont des agens univoques dans leurs generations : mais
les agens artificiels sont appellés les
causes equivoques de leurs ouvrages.

7. La cause efficiente se divise en
Physique, qui agit par une veritable
action, Ex. un homme qui en tuë un
autre, est la cause Physique de sa mort ;
& en Morale, qui agit par persuasion,
par empire, par prieres, par menaces ou
autrement, Ex. un Maistre qui se sert
de ces sortes de moyens pour obliger
son valet à tuer son ennemi, il est ap-
pellé Cause Morale de l'homicide qu'il
fait commettre par un autre qui en est
la cause Physique.

8. La cause efficiente, se divise en
cause par soy, qui produit son effet
proprement & naturellement, comme
lors qu'un remede chaud échauffe le
malade ; & en cause par accident, qui
n'est cause que par l'union qu'elle a avec
la cause, ou avec l'effet comme lors

que le mesme remede chaud rafraischit
par accident en purgeant la bile qui l'é-
chaufoit; & c'est encore par accident
qu'un Vigneron trouve un tresort en
labourant sa vigne.

9. La cause efficiente se divise en
prochaine , qui agit immediatement,
comme un pere est la cause immediate
& prochaine de son fils. Et en cause
éloignée, qui agit par des agens inter-
posés & dependants de la premiere
action. Ex. un pere est la cause éloignée de ses neveux, & de ses arriere-
neveux. Les autres divisions de la cause efficiente s'il y en a de necessaires,
s'entendent assez par elles-mesmes, &
elles seront expliquées, s'il est de besoin, dans les matieres où on les divi-
sera. Venons donc aux questions qui
découvrent la nature de la cause efficiente.

C'est une verité constante parmi les
bons Physiciens, que la cause efficiente
ne donne point de realité à son effet
que par la communication d'une partie
de sa matiere : car la determination ou
l'arrengement de cette matiere n'établit pas une forme substantielle qui en
soit reellement plus different que la figure est differente & distinguée de la
chose figurée, ainsi que nous le ferons

voir en Physique ; d'où il s'ensuit qu'un
effet ne reçoit point d'autre estre veritable de sa cause efficiente, qu'une portion de sa semence ou de sa matiere ;
mais avec cette difference, que les agens
naturels en produisant leurs effets com-
muniquent une matiere qui vient d'eux-
mesmes , & les agens artificiels em-
pruntent cette matiere hors d'eux-mef-
mes , pour l'employer & l'appliquer à
la production de leurs ouvrages, ce qui
fait que les agens naturels sont plus
proprement appellées les causes de leurs
effets à qui ils donnent un estre qui est
une partie de leur substance , & qui les
épuise , que les agens artificiels qui ne
produisent rien d'eux-mesmes ; mais
qui arrengent seulement les matieres
ou les estres naturels qu'ils font entrer
en la composition de leurs ouvrages.
Comme il est constant qu'il ne se fait
aucune creation d'une matiere nouvelle dans le monde, on peut dire que les
agens , soit naturels , soit artificiels, ne
font autre chose en produisant leurs
effets, que d'amasser, d'arrenger, & d'u-
nir les atomes par le mouvement local pour en composer la fabrique naturelle ou artificielle de leurs productiós;
& quand un effet se détruit, cela arrive toûjours par le décorchement & la

defunion des mefmes Atomes qui le compofoient.

Quand à la determination individuelle, ou à la difference finguliere d'un effet corporel, elle dépend de la determination de la matiere qui émane de la caufe efficiente. La raifon eft, que chaque effet eft limité à fon eftre fingulier, parce qu'il a une telle portion de matiere, & qu'il n'en a pas davantage, & que cette mefme portion de matiere eft arrengée d'une telle maniere que tous les individus de la mefme effence n'ont ny la mefme quantité de matiere, ny le mefme arrangement. Ce qui paroift fenfiblement par la differente configuration des vifages de tous les hommes, qui ont toufiours des traits fuffifammét differents pour eftre parfaitement diftinguez: De forte, qu'entre tous ceux qui qui ont efté, qui font, & qui feront il n'y a point de reffemblance parfaite & capable de les côfondre. D où ie conclus que c'eft en vain & chimeriquement que certains Metaphyficiens à tefte creufe ont recours à une forme imaginaire furadjoûtée à la matiere pour en faire la difference numerique ou individuelle des eftres corporels.

L'action de la caufe efficiente n'a point de realité abfoluë diftinguée de

la cause & de l'effet, qui ont un raport
mutuel & intellectuel de l'un à l'autre :
mais cette action a une realité modale,
qui n'est pas differente du mouvement
local, par lequel toutes choses sont
produites dans le monde.

Une des plus grandes veritez que
nous puissions icy établir pour retran-
cher un nombre superflu de questions
Physiques & Morales qui sont fondées
sur la distinction des qualitez actives
des choses inanimez, & des puissances
differentes des trois ames ; c'est de faire voir que ces puissances & ces qualitez actives sont des estres superflus &
chimeriques aussi bien que les questions
qui les supposent. La raison que nous
en pouvons apporter est, que toute cause efficiente est capable d'agir par elle-
mesme sans ces qualitez suradjoûtées,
parce qu'elle est ou libre, ou necessaire. Si elle est libre, elle a par l'excellence & par le privilege de sa nature
spirituelle & tres-simple le pouvoir
d'agir & de suspendre son action, ou
d'en exercer une contraire ; car Dieu
l'ayant creé libre, il doit luy avoir
donné la Souveraineté & le domaine
de son action, parce qu'elle est un acte
pur & spirituel, qui a plus vray-sem-
blablement par sa substance le pouvoir

d'agir que par un accident, qui eſt dans la penſée de nos Adverſaires un eſtre foible & incapable de ſe ſoûtenir, ny par conſequent d'agir *entis ens.* Si au contraire la cauſe efficience agit neceſſairement, comme font tous les agens corporels, elle n'aura pas beſoin de contenir une qualité active, ou une puiſſance materielle qui luy ſoit ſuradjoûtée pour agir, puiſque agiſſant neceſſairement, il ſuffit qu'elle ſoit meuë par l'impreſſion & le mouvement local de l'agent libre qui la neceſſite dans ſon action. Il eſt donc auſſi abſurde de dire que les ſubſtances corporelles agiſſent par des qualitez ou des puiſſances accidentelles qui en ſont diſtinguées, que de ſoûtenir qu'il y a dans l'épée d'un Heros un pouvoir accidentel & ſuradjoûté qui luy donne le pouvoir de vaincre ſes ennemis, puiſque ſuivant noſtre opinion qui eſt tirée de l'Ange de l'Ecole, les agens corporels & les cauſes ſecondes ſont meuës & determinées à leurs actions, comme les inſtrumens ſont meus & determinés à agir par les cauſes principales qui les remuënt.

Il eſt bien vray que dans la Phyſique, ie ſeray obligé pour expliquer le mouvement & le repos des eſtres corporels, d'admettre de deux ſortes de principes

materiels ; l'un actif, qui consiste dans
les atomes ronds, ignées & lumineux,
qui sont dans un perpetuel mouvement actuel , ou un perpetuel effort
pour le mouvement, & un autre principe
passif qui comprend tous les atomes angulaires , & d'une autre figure que la
ronde, qui sont , ou dans le repos actuel
ou disposez a y estre mis afin de faire la
composition des estres naturels: De sorte, qu'ils sont le sujet, du choc du mouvement, & de l'impression que leur donnent les atomes ronds & ignez, qui sont
les agens prochains où les moteurs
qui composent & qui détruisent toutes
choses icy bas. Disons donc que sans
leur mouvement, tous les estres corporels demeureroient paralitiques & sans
action , & ne composeroient qu'une
masse informe sans aucun arrengement.

Cependant ces atomes ignées qui sont
les agens & les moteurs universels &
perpetuels de toutes choses, n'ont point
d'autre mouvement que par l'impression necessaire que Dieu leur a commu-
niquée dans l'instant de leur creation, &
qu'il leur conserve sans diminution ,
pour estre les agens necessaires, & s'il
m'est permis de le dire, les ressors de
tout l'Univers ; mais le mouvement de
ces petits corps inquiets est necessité

par l'impreſſion du premier moteur, qui comme acte pur & premier moteur ſpirituel a ſeul le pouvoir de remuer les eſtres corporels, à qui la matiere ne donne point d'autre capacité que la capacité d'eſtre meuë par une ſubordinatiõ de mouvemens reglés, qui viennent d'un premier moteur intelligét & libre.

C'eſt une propoſition demonſtrative, qu'il n'y a aucun agent qui puiſſe agir dans un lieu diſtant, ſans agir dans le milieu interpoſé. Cette verité eſt evidente à l'égard de la cauſe premiere, qui ne peut agir dans une diſtance, ou bien dans un lieu où elle n'eſt pas par elle meſme ; car eſtant immenſe, ſans difficulté elle ſera pur par ſa propre ſubſtance & par ſon eſſence par tout où elle agira. Quand à la cauſe ſeconde, cela eſt demonſtré par ce principe cy. Pour agir il faut eſtre, puiſque l'action eſt une ſuite de l'eſtre, & que le neant n'agit point, donc l'agent doit eſtre preſent au lieu où il agit pour y pouvoir agir, autrement n'y eſtant pas il n'y pourroit agir par ſon neant, qui eſt par tout ou ſon eſtre n'eſt pas ; mais comme d'ailleurs il eſt impoſſible qu'un agent puiſſe arriver à un lieu éloigné, ſans paſſer par le milieu, il eſt impoſſible qu'il agiſſe dans un lieu éloigné

sans agir dans le milieu interposé par où
il faut qu'il passe pour agir plus loin.

Il y a une si essentielle subordina-
tion des creatures au Createur, qu'il n'y
en a aucune qui n'ait besoin du concours, ou pour mieux dire du secours
de Dieu pour estre creé ; car comme aucun estre ne se peut produire soy-mesme, & que le neant dont l'idée détruit
l'estre ne le peut produire ; il est necessaire pour établir l'existence des causes
secondes, qu'il y en ait une eternelle &
premiere qui les ait precedées pour les
tirer du neant par leur creation.

Les causes secondes ne dépendent pas
moins du concours de la premiere pour
estre conservées, que pour estre produites ; d'autant que la conservation
d'un estre n'est que sa production per-
petuée, d'où vient que la creature qui
n'a en soy que la dépendance & le neant
y retomberoit necessairement, si Dieu
ne la conservoit par la continuation de
son concours, qui conserve les creatures autant qu'il luy plaist, parce qu'il
les peut aneantir par la substraction de
la Puissance divine qui soûtient leur
foible existence. Concluons donc que
la creature est à l'égard de Dieu, ce
qu'est la lumiere à l'égard du Soleil, qui
n'en dépend pas seulement pour estre

produite; mais encore pour eſtre con-
ſervée, puiſque l'experience nous fait
voir qu'au moment qu'elle en eſt aban-
donnée, elle diſparoiſt & s'évanoüit à
nos yeux. On peut encore adjoûter que
les creatures dépendent autant de Dieu
pour agir , que la ſcience dépend de
l'entendement pour former des connoiſſances.

Enfin les cauſes ſecondes dépendent
encore abſolument de la premiere pour
agir. 1. Parce que l'action ſuit la nature de l'agent qui·l'a produit , qui ne
peut dépendre de Dieu pour exiſte,
qu'il n'en dépende pour agir , puiſque
Dieu, dõt la Puiſſance eſt infinie, n'a pas
un plus grand empire ſur la creature
que ſur ſes actions. 2. Les cauſes ſecondes ſont ou neceſſaires ou libres ,
les premieres eſtant determinées &
meuës par le premier Moteur, elles en
dependent auſſi abſolument pour agir
que les inſtrumens dependent des artiſans qui les manient. C'eſt cette verité
Metaphyſique qui nous fait dire , que
les agens corporels & neceſſaires agiſſent plus parfaitement & plus ſeure-
ment que les cauſes libres, comme ſont
les artiſans, parce que c'eſt la main in-
viſible du Tout-Puiſſant qui les conduit dans leurs mouvemens , & qui les

assujetit à suivre l'ordre de ses loix que
nous appellons Nature , qui est plus
certaine que l'art qui l'imite. *Natura*
est certior arte.

Quand aux agens libres, ils ne dependent pas moins du concours immediat de Dieu pour agir, que les agens necessaires : Car encore que Dieu leur ait donné la Souveraineté de leur action, ç'à tousiurs esté conformément à leur dependance essentielle de Dieu, qui a voulu concourir librement avec elles dans les actions qu'elles voudront choisir. La raison en est, que les actions libres estant reelles , elles dovent dependre de Dieu, qui a immediatement soumis toutes choses à son Empire, afin que rien ne puisse resister à sa volonté. Concluons donc que la creature mesme la plus spirituelle & la plus libre, n'ayant en elle-mesme, & sans le bras de Dieu qui l'a soûtient, que le neant , elle ne peut produire aucune actiõ reelle sans sonconcoursimmediat.

Cette verité nous est expressement declarée par les paroles infaillibles de l'Escriture, pluscertaines que les raisons des Philosophes. *Omnia in omnibus operatur Deus.* Pour les actions surnaturelles & meritoires de la gloire eternelle, c'est un article de Foy, qu'il faut que

Dieu y concourre, & qu'il nous previenne de ses graces Divines, afin de nous faire meriter le Paradis.

Il s'ensuit de la doctrine precedente, qu'il faut rejetter la premotion ou la predermination des Thomistes , tant parce que ce sont des qualitez inutiles pour faire agir les causes corporelles, que parce qu'elles détruiroient par leur necessaire determination le choix des causes spirituelles & libres. Je soutiens donc que les agens libres & intellectuels ont par eux-mesmes le pouvoir de se mouvoir & de se determiner comme il leur plaist ; & les agens corporels & necessaires n'ont point d'autre mouvement que celuy qui leur est imprimé par le bras invisible du premier Moteur qui donne l'action & le branfle à tous les corps sublimaires par le mouvement & par l'influence des corps celestes qui les animent, & qui les meuvent de la mesme maniere que l'ame raisonnable anime & meut les parties organiques du corps humain.

L'experience de l'Hyver, pendant lequel la nature demeure sterile par l'éloignement du Soleil de nostre Climat, nous confirme cette verité, sans parler de la raison qui nous declare que ces sublimes & vastes corps ne sont pas inutiles à l'homme pour lequel ils ont esté creés, suivant plusieurs témoignages de la Sainte Escriture, d'où on a tiré cette maxime Physique, *Sol & homo generant hominem.* Le Concile de Trente confirme cette verité, en nous assurant en termes exprés, que Dieu meut les Cieux & les Astres, & ensuite les corps sublunaires, & cela par une vertu occulte. C'est à dire insensible.

Adjoûtons encore en faveur du concours de Dieu, que les causes secondes luy sont subordonnées, en tant que c'est luy qui les dirige à la fin pour laquelle il les a creées ; & ce par une disposition que les Theologiens appellent puissance obedientielle, elles peuvent estre élevées à produire des actions ou des effets au dessus de leurs forces & de leur nature. C'est par là que l'eau du Baptesme reçoit le pouvoir de laver les taches de l'ame; que la bouë que Nostre Seigneur employa pour guerir la veuë d'un aveugle nay, receut le pouvoir de l'illuminer, & que le feu d'Enfer a le pouvoir de brusler l'ame des damnez & les Demons. Si le bras de Dieu a pû tirer les creatures du neant, il peut à plus forte raison se servir de la creature pour la faire agir au dessus de sa nature, puisqu'elle n'y apporte aucune repugnance, & que rien n'eſt impoſſible à un eſtre Tout-Puiſſant. *Qui de nihilo omnia fecit , de quolibet poteſt producere quid libet*, dit un ſaint Pere.

Cependant la Creation eſt une action ſi propre & ſi eſſentielle à Dieu , qu'elle ne peut iamais deſcendre iuſques aux creatures par la Puiſſance obedientiel-le. 1. Parce qu'une action abſoluëment premiere ne peut provenir que du premier agent. 2. Parce que la Creation eſt une action abſoluëment independante de la matiere & de la forme , qui par conſequent ne peut eſtre produite que par un Agent independant & Tout-Puiſſant , qui ſeul a la force de tirer les eſtres du rien : au lieu que les Agens naturels dependent au moins de la matiere premiere dans leurs actions , & les artificiels dependent des eſtres compo-ſez , dont ils font la matiere de leurs ouvrages. Concluons donc que comme la creature ne peut devenir independante de Dieu , ny pour eſtre, ny pour agir, parce qu'elle ceſſeroit d'eſtre creature, elle ne peut recevoir la puiſſance de ce-der aucun effet. D'où j'infere que la dependance des agens ſubalternes eſt fon-dée ſur le beſoin qu'ils ont de la matie-re pour donner une realité à leurs ef-fets.

Je sçay que l'on trouvera nouvelle,
& peut-estre estrange, une doctrine qui
avance qu'à parler dans la rigueur, il
n'y a que les substances spirituelles qui
ayent le pouvoir de mouvoir la matiere & d'agir sur les estres corporels, d'où
il s'ensuit que les agens necessaires ne
sont meus que par les causes libres pour
arriver à la fin à laquelle ils les condui-
sent. Mais ie répons que cette opinion
est commune, & n'est pas moins autho-
risée par de grands Philosophes, qu'elle
est veritable.

Pytagore, Platon, & Aristote mesme, suivant le sentiment d'Aprodiseus,
ont tenu pour constant que toute action
corporelle procedoit d'un principe in-
corporel, qui estoit la cause efficiente &
mouvante, c'est à dire le principe actif
des mouvemens de la matiere ; & que
la matiere estoit essentiellemét un principe passif, incapable de se mouvoir de
soy-mesme, mais tres-capable d'estre
meu, & de recevoir differente determination & different arrengement pour
prendre de differentes figures ou formes ; qu'il y avoit cette distinct'on entre la cause efficiente & la cause materielle, que celle-cy estoit le sujet du
mouvement comme l'autre en estoit le
principe, & que l'une estoit le patient &
l'autre l'agent.   Les

Les Stoïciens ont admis comme nous, deux fortes de matieres, une mouvante, qui n'eft pas diftinguée des corps ronds & ignées, & l'autre toufiours meuë par le choc de la premiere, qui comprend tous les corps angulaires & crochus, dont la figure eft propre à eftre fixée par le repos. Les Phyficiens qui n'ont admis que deux principes des eftres, la lumiere & les tenebres, ont entendu par la lumiere, la matiere mouvante qui fait les corps lumineux ou ignées ; & par les tenebres, la matiere paffive fur laquelle agiffoit la lumiere pour eftre l'Agent univerfel de la nature. Le rare & le denfe fignifient encore la mefme diftinction de la matiere mouvante, & de la matiere meuë. Enfin l'opinion de ceux qui ont admis une châleur naturelle fortant du corps du Soleil, comme du cœur de la nature, ainfi qu'une ame infufe dans tout l'Univers, afin de l'animer & de le faire agir, n'ont voulu fignifier autre chofe qu'un trefor inépuifable de nos atomes ignées, qu'il faut reconnoiftre en bonne Phyfique comme les agens & les moteurs univerfels de ce qui fe fait dans la nature.

Mais quand il eft queftion de remonter par la fucceffion ordonnée de tous les mouvemens corporels, iufques à la

premiere cause efficiente, & au reffort
univerfel de la nature, rien n'eft plus
raifonnable que de recourir à un eftre
fpirituel, independant & Tout-Puiffant,
qui eft Dieu unique & premier Moteur des mouvemens naturels de la machine du monde. La raifon que nous en
pouvons rendre, eft que l'Eftre fpirituel eft un acte pur, que nous ne pouvons concevoir eftre diftingué de la
matiere, qu'en nous le reprefentant
comme un principe d'agir fur les eftres
corporels, qui font des fujets paffifs &
moins nobles, pour luy eftre foumis, &
pour en eftre meus.

C'eft une demonftration eftablie par
faint Thomas, que rien ne fe peut mouvoir foy-mefme ; parce qu'un mefme
eftre feroit en acte eftant moteur & en
puiffance eftât meu, donc tout corps qui
eft meu le doit eftre par un mouvement
& par un Moteur Superieur ; & comme
il y a de l'abfurdité à faire defcendre
un mouvement d'une fucceffion de Moteurs infinis, qui n'auroient pû eftre
parcourus pour en venir au mouvement
prefent, il faut conclure de l'evidence
du mouvement fubordonné des corps,
qu'il y a un premier Moteur, qui eft
Dieu.

Si quelqu'un a l'efprit affez groffier,

& l'imagination assez asservie aux prejugez qu'il aura fondez sur les mouvemens corporels, pour ne pouvoir concevoir qu'un esprit puisse mouvoir un corps, il ostera à Dieu, parce qu'il est un pur esprit, la puissance de mouvoir l'Univers, à l'ame spirituelle la liberté & la puissance d'animer & de mouvoir le corps humain : Et enfin il ruinera par sa pensée grossiere tous les passages de l'Escriture, qui nous asseurent que les Anges ont agi sur les corps, témoin celuy qui conduisant le jeune Tobie à Ragés, beuvoit & mangeoit avec luy, témoin encore la force de l'Ange exterminateur, qui tailla en piece l'armée de Sennacherib.

Je ne puis dōc icy approuver l'opinion des Cartesiens, qui au lieu de concevoir que l'esprit de l'homme a le pouvoir de mouvoir son corps, disent, que le corps exerce de luy-mesme de certains mouvemens à l'occasion de certaines pensées. Ce qui est évidemment contraire à la distinction que le Philosophe doit mettre entre l'agent & le patient, c'est à dire, entre l'esprit & le corps, puis qu'il faut aussi bien distinguer l'un de l'autre, qu'il est necessaire de distinguer l'artisan de son ouvrage. Enfin, de quelque costé que j'envisage la matiere, ie ne puis mettre dans l'idée que j'en ay, que celle d'estre un sujet passif, qui entre dans la composition de tous les corps, & ie n'y peux concevoir aucune action ny aucun mouvement qui ne vienne d'un estre different, que ie conçois comme un acte pur, ou un esprit capable de luy donner le premier mouvement. Quand on dit que c'est par les choses corporelles qu'on connoist les choses spirituelles, cela doit estre entendu, que par le mouvement de la matiere on doit conclure qu'il y a un Moteur qui n'en seroit pas different, s'il n'estoit un Astre spirituel, dont l'essence est d'agir & de mouvoir, comme celle de la matiere est de souffrir & d'estre meuë. Concluons donc ce grand Chapitre, en disant, que c'est Dieu, qui comme premier Moteur fait toutes choses; & que s'il y a d'autres agens comme les Anges & les hommes qui puissent mouvoir les corps sans estre meus, ce sont des estres semblables à Dieu, en ce qu'ils sont spirituels & libres.

Il resteroit pour achever le Traité des Causes, d'expliquer la nature de la cause materielle, & de la cause formelle; mais comme elles ne sont pas si proprement les causes que les principes des effets qu'elles compofent, nous renvoyons leur examen à la Phyfique, qui fait profeffion d'en traiter à fond, comme des principes fur lefquels elle établit toutes fes conclufions. C'eft pourquoy nous finiront noftre Science generale par une briéve Differtation fur les proprietez de l'Eftre en general.

DISSERTATION IV.

Des proprietez de l'Eftre en general.

Omme chaque Science doit de-monftrer les veritables proprietez de fon fujet, il eft bien jufte en finif-fant la Metaphyfique, d'examiner les proprietez de l'Eftre en general, qui font, l'unité, la verité, & la bonté dont nous allons traiter en peu de mots.

Sous le nom de proprieté, nous n'en-tendons pas des accidens reels & di-ftinguez de leur fujet ; mais feule-ment des attributs effentiels, infepara-bles, & d'égale étenduë avec les fub-ftances, dont elles font les proprietez. Ex. la rifibilité à l'égard de l'homme, la convenance à l'égard du bien. Ce qui fait que nous ne distinguons pas les proprietez de leur suiet, c'est qu'il n'est pas necessaire de le faire, puisque la seule distinction formelle de la raison suffit, & que ce ne sont que differens rapports que l'esprit en fait en les envisageant de differente maniere.

Cela supposé, il est aisé de faire voir qu'il n'y a que trois proprietez universelles qui soient les attributs essentiels, inseparables, & d'égale étenduë avec tout estre; par ce tout estre est un vray, & bon, & que tout ce qui est un, vray, & bon, doit estre un Estre, pour servir de suiet à ces attributs.

CHAPITRE I.

De l'unité de l'Eſtre en general.

L'Unité peut être définie un attribut, ou une proprieté abſoluë de l'eſtre par laquelle il eſt indiviſé en ſoy, & diſtingué de toute autre choſe. En effet, un eſtre conſideré en ſoy eſt tellement unique pour la ſimplicité de ſon eſſence ou de ſa nature, qu'il ne peut eſtre deux choſes, & qu'il ne peut pas eſtre une autre choſe que ce qu'il eſt.

Comme les contraires ſe font connoiſtre l'un l'autre, l'Unité ne peut eſtre plus clairement connuë que par rapport au nombre ou à la multitude à laquelle elle eſt oppoſée, bien qu'elle en ſoit le principe, & la matiere, ce qui fait que le Mathematicien définit l'Unité, le principe du nombre, & le nombre l'aſſemblage de pluſieurs Vnitez.

Quoy que l'unité ſoit ſouvent exprimée par des termes negatifs, cela ne l'empeſche pas d'eſtre un attribut poſitif.

L'unité est une proprieté si simple & si incommunicable à plusieurs choses prises ensemble, qu'elle ne convient à propremét parler, qu'aux choses simples & indivisibles, comme à Dieu, à l'Ange, à l'Ame raisonnable, & à l'Atome. Ce qui me fait conclure que toutes les choses composées ne sont appellées unes, que par une denomination tirée de l'union des parties qui les composent.

Il n'y a donc qu'une seule Unité, bien qu'il y ait plusieurs especes d'unions, suivant les differentes manieres d'assembler les choses que l'on appelle par corruption unitez ; bien qu'à parler avec exactitude, ce ne soient veritablement que des unions, & le plus souvent mesme tres-imparfaites.

La premiere de ces unions, que l'usage nous fera appeller unitez, c'est l'Unité Physique, par laquelle plusieurs parties qui ont une ordre naturel sont assemblées, pour faire un composé naturelle: exemple, l'union naturelle du corps & de l'ame pour faire un seul homme, l'assemblage & l'accrochement naturel des atomes taillez & disposez à faire un Estre particulier ; par exemple, un animal une plante.

La seconde unité, appellée unité formelle, ou Metaphyſique, eſt celle par laquelle pluſieurs choſes convenables ſont unies ſous une idée commune qui repreſente leurs convenances mutuelles, en faiſant abſtraction des differences qui les diſtinguent. Exemple, l'unité ſpecifique par laquelle l'eſprit unit tous les hommes ſous l'idée commune de la nature humaine en laquelle ils conviennent, ou l'idée generique par laquelle l'eſprit unit des natures differentes ſous un genre ou une convenance generale; par exemple, l'homme & la beſte ſont unis ſous l'idée de l'animal, & ainſi des autres convenances, qui donnent lieu à l'eſprit de former des notions univerſelles.

La 3 Vnité ou union eſt celle qui ſe fait par le pur aſſemblage de pluſieurs eſtres parfaits, qui n'ont aucune liaiſon naturelle entr'eux, & que l'Eſcole appelle uns, ou unis par accident. Et cela en deux manieres, ou en les diſpoſant confuſement comme un tas de bled, un monçeau de pierres ; ou en les ordonnant par l'art, comme une maiſon, un navire, ou une armée.

CHAPITRE II.

De la verité de l'Estre.

Comme l'action de l'entendement precede celle de la volonté qui en est éclairée, l'ordre de doctrine nous engage à expliquer la verité, qui est l'objet de l'entendement, avant la bonté, qui est l'objet de la volonté?

La Verité en general se peut définir la conformité d'une chose avec son original, qui en est la regle & la mesure.

La verité est, ou de la chose, ou du Signe.

La verité de la chose, ou de l'Estre, appellée Metaphysique, est sa conformité avec ses principes essentiels, & avec l'Idée divine qui les a établis.

La Verité du signe appellée Logique, est la conformité du signe avec la chose signifiée; par exemple, la verité de l'Escriture est sa conformité avec la parole, celle de la parole est sa conformité avec la pensée, comme la verité de la pensée est sa conformité avec l'objet qu'elle represente.

Tout estre est veritable par conformité à sa premiere regle ou mesure, qui est l'Idée Divine, qui donne à chaque creature pour la rendre iuste & veritable, ses principes essentiels; qui la font estre veritablement ce qu'elle est: d'où il s'ensuit, qu'un estre ne peut estre une telle chose determinée (c'est à dire l'individu d'une certaine espece) qu'il n'ait ses principes essentiels, qui le rendent reel, & ensuite veritable; car s'il n'avoit point de principes essentiels, manquant d'essence il seroit un neant; & s'il avoit d'autres principes essentiels que les siens, il seroit une autre chose, & ne seroit plus veritablement le mesme estre. Je m'explique par un exemple, & ie dis, que ie ne puis estre un homme veritable & un tel homme, sans estre doüé d'une Ame raisonnable mise dans un corps humain, figrué & arrengé d'une telle maniere que ie sois un tel individu ; c'est à dire, de Launay distingué & different par mon ame, & par les caracteres de mon corps, de tous les autres estres qui sont au monde.

Il s'ensuit de cette doctrine, que supposé que ie sois, & qu'il ait pleû à Dieu de me creér, qu'il faut par necessité conditionelle qu'il m'ait fait homme; car si le Souverain Artisan du monde avoit fait en ma place une pierre ou de

l'or, ce ne feroit pas moy qu'il auroit
fait, parce que ie n'aurois pas mes
principes effentiels pour eftre homme;
mais il auroit creé neceffairement de
l'or ou une pierre, parce qu'il eft évident que ie ne puis eftre (ce moy) fans
eftre un homme veritable.

La verité trafcendentale de l'eftre
reel eft d'égale étenduë avec fon fuiet,
parce qu'aucune creature ne peut exifter fans fes principes effentiels qui l'é-
tabliffent, & qui la font couforme à l'I-
dée Divine, que nous pouvons appeller la loy ou la regle des effences.

Cette conformité des creatures avec
l'Idée Divine a fon fondement dans la
nature : mais elle dépend de l'efprit
pour eftre rapportée à l'Idée Divine par
l'attribut refpectif de la verité. Les effences font neceffaires, invariables, &
indivifibles comme les nombres, fuivant la penfée commune des Philofophes, à caufe de la verité de leur eftre,
& de la neceffité de renfermer dans leur
conception les principes effentiels qui
les rendent veritables.

L'intelligibilité qui rend les chofes
capables d'eftre connuës, eft une proprieté feconde emanée de la verité comme d'une proprieté premiere, qui rend
les chofes intelligibles par les idées qui

fuppofent une verité reelle & fonda-
mentale pour les produire.

La connoiſſance humaine ne peut eſtre
veritable, ſi elle ne repreſente l'objet
exterieur comment il eſt en ſoy, & par
raport à la verité tranſcendentale & abfoluë, qui le rend conforme immediatement à ſes principes eſſentiels ; & en-
fuite à l'Idée divine ; mais au contraire,
la connoiſſance eſt fauſſe, quand elle
repreſente la choſe contre ſa verité reelle, c'eſt à dire l'objet autrement qu'il
n'eſt. Nous avons rapporté pluſieurs
exemples de la verité & de la fauſſeté
dans noſtre Logique, où ie renvoye le
Lecteur curieux de les ſçavoir.

CHAPITRE III.

De la bonté de l'Eſtre.

Dieu qui eſt un Agent infiniment
intelligent, ne s'eſt pas contenté
de rendre ſes creatures veritables, par la
conformité qu'il leur a donnée avec
ſes divines Idées ſur leſquelles il les a
contretirées ; mais eſtant infiniment
bon, il leur a communiqué une bonté
generale qui conſiſte dans les perfe-

étions naturelles qui leur a départies
par rapport à sa volonté Divine, qui
est la source & la regle de toutes les
perfections des choses creées. En effet,
comme le propre de la plenitude est de
se répandre, & d'une bonté infinie de
se communiquer, suppofant qu'il ait plû
à Dieu, qui est un Agent parfait, de faire éclater sa gloire par la production de
ses creatures; il n'a pû estant un Agent
tres-parfait, s'empefcher de communiquer quelque bonté ou quelque perfe-
étion à ses Ouvrages. C'est ce que l'Ef-
criture nous enseigne dás la Genese, où
Dieu faifant la reveuë de ses creatures,
il reconnoist qu'il n'y en a pas une qui
soit privée de sa bonté naturelle.

Il est necessaire pour bien distinguer les proprietez Metaphysiques, de
considérer que l'idée de l'Estre simplement pris, ne renferme que son essence, son unité marque son indivisibili-
té, sa verité nous le fait envifager par
rapport à l'entendement Divin, sur
lequel il a esté moulé, & sa bonté
par rapport à la Volonté divine, qui
est la regle des perfections qu'elle luy
a voulu communiquer.

La bonté de l'Estre n'est autre chose
que sa perfection, qui consiste dans la
possession des principes essentiels, qu'il

a pleû à Dieu luy départir pour le rendre bon & parfait dans ſon eſpece.

Il faut qu'un eſtre ſoit bon en ſoy
d'une bonté abſoluë, qui conſiſte dans
ſa plenitude, ſa perfection, ou ſon
integrité, avant que d'eſtre communi-
catif, bien-faiſant, & de pouvoir perfectionner ſon ſujet, par ſa bonté rela-
tive; la raiſon eſt qu'un eſtre ne peut
pas communiquer une perfection qu'il
n'a pas.

Concluons de ce qu'un eſtre eſt parfait, qu'il peut perfectionner; puiſque
l'effet ſuit la nature de ſa cauſe, il ne
peut perfectionner qu'il ne ſoit com-
municable en donnant ſa perfection;
& comme l'appetit ſuit naturellement
ce qui luy convient, & qui le perfectionne, de là vient que tout bien eſt
convenable, aimable, deſirable & dele-
ctable, qui ſont de ſecondes proprietés
qui ſuppoſent la bôté de l'Eſtre, qui eſt
ſa proprieté premiere & Metaphyſique.

Quand à la bonté morale dont nous
parlerons dans ſon lieu, il ſuffit de dire
icy qu'elle n'eſt autre choſe qu'une
parfaite conformité des actions humaines avec la droite raiſõ qui en eſt la
regle : comme au contraire la malice ou
le peché n'eſt autre choſe que le défaut
de la rectitude de l'equité, ou de la con-

science, avec laquelle l'homme raisonnable est obligé d'agir.

Je me sens obligé d'avertir le Lecteur en finissant la Metaphysique, ou la Science generale, & avant que de commencer l'explication de la Theologie naturelle, que mon dessein n'a esté icy que d'abreger les principes generaux de cette Science, pour rendre les autres intelligibles, reservant plusieurs grandes & importantes dissertations Metaphysiques sur differentes matieres, mais particulierement pour refuter la Metaphysique des Cartesiens.

F I N.

Extrait du Privilege du Roy.

PAr Grace & Privilege du Roy : Il est permis à GILLES DE LAUNAY, Conseiller, Historiographe du Roy & Professeur en Philosophie, de faire imprimer par tel Imprimeur qu'il voudra choisir, *Les Essais Metaphisiques*; Et défenses sont faites à tous autres de faire